わたしは繊細さん

まんがでわかる!

HSPが自分らしく生きる方法

漫画 武嶌波　監修 武田友紀

contents

character

森《もり》 隼《はや》斗《と》

なぎさの恋人。
交際して3年。
優しくて頼りになる理想の
年上彼氏だが…。

小《こ》村《むら》 渚《なぎさ》

照明器具メーカーに
勤める27歳。
控えめな性格で、
細やかな気配りが得意。

武《たけ》田《だ》先生

HSP専門カウンセラー。
「繊細さん」ならではの人間関係や
幸せに活躍できる仕事の
選び方を研究し、セミナーや
カウンセリングを行っている。

奥《おく》野《の》さん

なぎさと同じ会社で働く先輩。
仕事が出来る分、他人にも厳しい。
なぎさに対して何か
思うところがあるようで…？

今朝の空は
お
第１話
こんな私は繊細さん？
ちょうど いい感じ――
どんより…
やあねえ 今日のお天気 気持ちまで どんよりしちゃう
みゃーお
私はくもり好きだよ
まぶしくないし
いただきます
ハグハグ

コーヒー 良い香り
小村《こむら》 渚《なぎさ》 27歳
ちゅんちゅん
ちちっ
ちちゅっ
片方の色が薄い…
あ 親子かあ
かわい
え? どれも同じじゃないの?
NEWS PickuP
つづいてのニュースは… 教師間での いじめが 発覚した問題で
同市 教育委員会による会見の——

悲しいニュースや
災害の報道は
ピッ
あっ
何で
チャンネル
変えるのよう
見てるのに～
どんどん調べて
どんどん落ち込んで
いってしまうから
サクッ
仕事前は　なるべく
見ないように
しています
ごちそうさま
でしたー
朝から嫌な
ニュース見たく
ないいんだろ
あの子ったら
神経質なんだから…心配
ちょっとだけ敏感というか
繊細というか…
地味すぎない？
その格好
えー？

仕事なんだから
いいんだよ
終わったら
森《もり》くんとデート
なんじゃないのお？
……
ごみ
ごーみ
駆け込み乗車は
おやめください――
次の電車を
ご利用ください――

新しいヒール 足痛いなあ
あ 彼氏《はやとくん》から LINE
プシューー
どやどや
あっ 降ります 降ります！
照明器具メーカー 勤務
自社製品のカタログや HPのコンテンツを企画・運営するのがお仕事です
毎朝のことだけど…
出社するだけで 疲れる
くたっ

プルルルルル
はいー
音が脳に
響いてくる
おーい
これ
ガヤ
ガヤ
ギン
ギン
ふわっっん
うっ…
香水や柔軟剤の
香りが刺激になる
その香り
良いねー
どこの？
でしょ
でしょー
どうして 私って
こうなんだろう
こんなことじゃ

いかんな
あ　部長
おはようございま…
……
え…
機嫌わる…

私 何かしたかな?
ギシ…
そろ〜…
ガチャーーン
ビクッ
落としちゃったー
あららら
チィッ
し
舌打ち——

部長　機嫌悪くない？
ひそ
え？そう？
…だとしても気にしなくていいんじゃない？
タタタ
タタタ
タタタ
キーボード叩く音に殺気が…
タ——ン
気にしすぎか…
そうか
仕事仕事
ちら…

やっぱり私が原因？
ひぃ〜〜
仕事が遅い？
働きが足りない？
なぎさが企画した〝照明デザイナー×建築士の対談〟日程とれたよ
わぁ〜
さすが久美《くみ》ちゃん！
で 営業部との定例ミーティングの時間とかぶってるの時間ずらしてもらうよう営業部に連絡しとく
さすが久美ちゃんはコミュ力高し…
私も頑張らないとな…
あれ？
うーん…
ひなちゃん
あ 小村センパイ
アメあげる
はいっ
あ…

あのちょっと見てもらえますか？
もう少し見やすくできないかと
んー
ここ フォント変えてみたらどうかな？
えっ？ あっ
あーっ 見やすくなった！ありがとうございます！
あとここもいいですか？もっと分かりやすくしたいんですけど…
ここのボタンが小さすぎるのかな？
あと 位置もここの方が…
うわっ！
ありがとうございます！
少し変えるだけでこんなに違うんですね！
小村 ちょっと
ギクッ
え…何…
はっ
はいっ
ついに皆の前で怒られる…？

ハウスメーカーだけじゃなく個人向けに照明1個から購入できるサイトを
新たに立ち上げることになった
え…
その新サイトを小村が中心となって作ってくれ
…えっ??
私が中心…?
はっ
はいっ
で…でも
久美ちゃんの方がまとめる力あるし…
私の仕事量足りないからもっと働けって意味だろか?
なーに言ってんの!
なぎさの企画力が評価されたってことでしょ!

……
ガタ…
今日ってこれからセミナーあるよ
行こ
総務部から
セミナー開催のお知らせ
テーマ「自分の強みを生かして働く」
講師 武田友紀 先生
（繊細の森代表）
繊細…の森？
〝自分の強みを生かして働く〟かー
自分の強み
か…

セミナー「自分の強みを生かして働く」
講師 武田友紀 先生
それでは 武田《たけだ》先生
よろしくお願いします
初めまして
武田友紀《ゆき》と
申します
5人に1人
「繊細さん」が
います
生まれつき繊細で
まわりの人が気づかない
細かなことにも
気づく人たちのことです
実は私も
そうなんです
人それぞれ
感じ方の違いが
あるので
よく気づく気質を
仕事で生かして
いけるといいですね

ガヤ
ガヤ
いいセミナーだったねー
カチッ
もしかして 私も…
繊細の森：HSPの
繊細さん(HSPとは)
プロフィール…
カチッ
あ かわいい…
細かいことに気づいて 仕事に時間がかかったりまわりの人の感情に敏感な人はもしかしたら「繊細さん」かもしれません
カウンセリングルームで1対1でご相談いただけますので
もし悩んでいる方がいましたらお気軽にお越し下さいね
私も
「繊細さん」
なのかな…？
話してみたい気持ちになって

カウンセリングの予約をしました
〈ご予約フォーム〉
お名前
小村 渚
ふりがな
こむら なぎさ
郵便番号
ポチッ
ピロロロロ…
着信中
あわわ
なぎさ? 朝LINEしたんだけど
ごっ ごめん
また やっちゃった——
あとで返信しようと思ってたんだけど…
忙しいのは わかるけど 心配するから なるべく返信はしてほしい
ごめん…
今日 会うのやめようか
えっ…

なんで？
怒ってる？
隼斗《はやと》くん
返信遅いの
嫌いなんだよね
ツー……
なぎさも忙しい
だろうから
また連絡する
でもこんなことで
会うのやめるとか
子供っぽいとこ
あるよなあ…
あ いやいや
相手の嫌がることは
しないように！
隼斗くんに
嫌われたくないし…

SATURDAY
8 友引
打ち合わせ 15:00
15 先負
カウンセリング 14:00~ 武田先生
16 仏滅
22 大安
はやとくん 19:00
29
緊張してきた
あの時はセミナー聴いたあとで気が大きくなってたんだ
…
…
不機嫌な人が苦手なことを話したかったけど…
あの日 部長がすこぶる機嫌悪くて…
ムスッ
でもカウンセリングなんておおげさだったかも…
私なんかただの気にしすぎかもしれないし
相談事が具体的じゃないかも…はっきり言って迷惑なんじゃ

ないかな…
どうぞ おかけください
き… 気にしすぎなのかも しれないんですが
職場に機嫌の 悪い人がいると すごく気になって…

機嫌の悪い人が気になるんですね
気になる時はどうしてますか？
…同僚に話しても「気にしなくていいんじゃない」って言われるし
ふむふむ
音を立てないように動いたり…
話しかけるタイミングにも注意したり…
皆 気にしてないみたいで… 私がどこかおかしいのかなって…
繊細さんにとって
「誰かの機嫌が悪いことに気づく」のは
たとえば
「机の上にコップが見える」のと同じくらい自然なことです

「気にしなくていい」って言われても
ああ機嫌悪いなってわかっちゃうしなかなか難しいですよね
そうなんです！あと…
私が何かしてしまったんじゃないかって思って…
仕事も遅いですし…
なるほど
自分のせいなんじゃないかと思うんですね
それでずっと緊張していて
とても消耗してしまうんです…

背の高い人が身長を縮めることが出来ないように
他の人は繊細な人ほどには気づかないから気にならないだけです
必要なことは気づいたことにどう対処したらいいかという
具体的な対処法です
繊細な人が「鈍感になる」「気づかずにいる」ことは　できません
今回の場合上司の不機嫌を察して
自分のせいかなと思う部分がしんどそうですね
それはぜひ相手に確認してみましょう！
ええっ

繊細さんでもわかるのは相手の感情までです
なぜ機嫌が悪いのか？機嫌が悪いのは自分のせいなのか？
理由はあくまで推測したものだから
…とはいえ上司に「怒ってますか？」「私の仕事ぶりのせいですか？」と聞くのは
自分のせいではない可能性があるのに悩むのはもったいない！
はー
なかなか勇気がいりますよね

「予想」がどれくらい当たるものなのか日頃から安全な場所で把握しておくのがおすすめです
一番簡単なのが 誰かとごはんやお茶に行った時「それ美味しい?」と聞いてみる方法です
そんなこと?
それならできそう…
ゴクリ…
予想って意外と外れているものなんです
へっ

それが わかってくると 自分のせいではない 可能性にも目が いくようになって
不機嫌な人に 振り回されることが 減っていきますよ
繊細な人は むしろ 自分の繊細な感性を とことん 大切にすることで
ラクになり 元気に生きて いけるんです
繊細さを克服すべき課題として とらえるのではなく いいものとして とらえる
そこが出発点です

新しい考え方も教わって
元気が出たぁ
繊細さを克服すべき課題と
とらえるのではなく
いいものとしてとらえる……
そこが出発点

ただいまー
Young FEMALE
美味しい？
はぐ はぐ
んにお
そっか
食卓のり
パッ
ほえ？
あやみ その のり 美味しい？
ふつう！
ほうほう

翌日
久美ちゃん コーヒー
お サンキュー
部長 コーヒー どうぞ
お…
「苦い」「マズイ」
練習 練習
あの… 部長

…おいしい…ですか？
……
うまいけど？
へ
へええ――
……
今回の件な
小村のこれまでの仕事を見て任せることにした

地味だけど
堅実っていうか
ま 頼むな
……
は…はいっ
がんばろう…！

ストンッ
「地味だけど
堅実っていうか…」
でも こんな私に
本当に務まる
んだろうか!?
ポピーンッ
8:21
LINE
森 隼斗
今日は 会えるから、いつもの…
彼氏ー?

あうん
返信返信
……

く 森隼斗
今日
今日は会えるから
いつものお店で
どう？ 仕事終わったらまた連絡する。
隼斗くん
機嫌直ったんだ
始業前だから
今 返信しちゃお
…？
喫煙所
SMOKING AREA
電子タバコも
喫煙所で！
スゥー
奥野《おくの》っち
お疲れー
ミカ
第２話
「キライ」は大切なセンサー

小村さんのこと聞いたでしょ？
ああ
小村さんがリーダーでサイト立ち上げるっていう？
どう思う？
小村さん 地味だけどアイデアが何げにすご…
あっ
奥野っちはカタログの方忙しいからじゃん
フゥー
……
「地味だけど堅実っていうか」
部長に
がっかりされたくない
頑張らないと…

よし まずは…
はぁ? あのさあ 本気で言ってんの?
ひなちゃん 2年目だよね? この時期にはもう これ 出来て
当たり前 なんだけど!
スミマセン

お先に
失礼しまーす
デート
楽しんできて
ありがと
ごめんよう
ひなちゃん
お疲れ様ー
あ 小村センパイ
お疲れ様でーす
駅だよね
はい
一緒に
行こー
…小村センパイ
聞いてくれます？

奥野さんに
わからないことあったら
何でも聞いてって
言われてるんですよ
でも聞くと
いつも怒られる
っていうか…
私まだ わからない
ことだらけで…
私 嫌われて
るんですかね～
奥野さん
自分が出来るから
人にも厳しく
なっちゃうのかも…
……
小村センパイと
奥野さんて
同期入社ですか？
ううん 奥野さんが
3年くらい先輩だよ
私 小村センパイの
下につきたかった
です～

あれ？ なぎさ 疲れてる？
えっ？
何かあった？
…新サイト 立ち上げの
リーダーに なった…のね
え？ なぎさが？ やったじゃん！
もう一回 カンパイしよ！
うん…でも ずっと仕事のこと ばっかり考えちゃって…
あぁ～ なぎさ プレッシャーに 激弱だからなあ
もお 本気で 不安なんだ からね～

ははっ
なぎさなら うまくやれるって
ポン…
頑張んなね
そういえば私 今 メンタル的なこと 相談してる人がいてね
「繊細さん」って…
メンタル的なこと?
ふっ
なぎさ 大丈夫か?
それって… 女性?
う…うん
ふーん
なんだろ

ちょっと
言わなきゃよかった感…
送ってくれてありがとう
じゃあまたね
あ…
なぎささそのスカート似合う
えっあっ…
ホッ
デートの時はやっぱりスカートだな

〝照明デザイナー×建築士の対談〟の場所決定したから
連絡しとくね
ありがとう！
対談楽しみだねー
小村さん
その日私が立ち会うから
小村さんは来なくていいよ
え？ でも…
いいの いいの
私の方 今落ち着いてるから私に任せて？

小村さん サイト立ち上げで 忙しいでしょ?
部長 いいですよね? 小村さんの代わりに 私が行っても
そっちに集中 させてあげたいし
お? ああ… 奥野 頼むわ
すみません ありがとう ございます
対談の企画 やり遂げたかった けど…
ギシッ

でも今は サイトの概要 まとめて
決裁もらう ことに集中 しないとね
奥野さんに 感謝しなきゃ
あれも これもは
欲張りすぎ だよね
なぎささ
本当にいいの？ 楽しみにしてたじゃん
奥野さん ちょっと 強引じゃない？
うん…でも 奥野さんは私のために 代わってくれた んだもん
対談がアップされたら 読むから大丈夫！

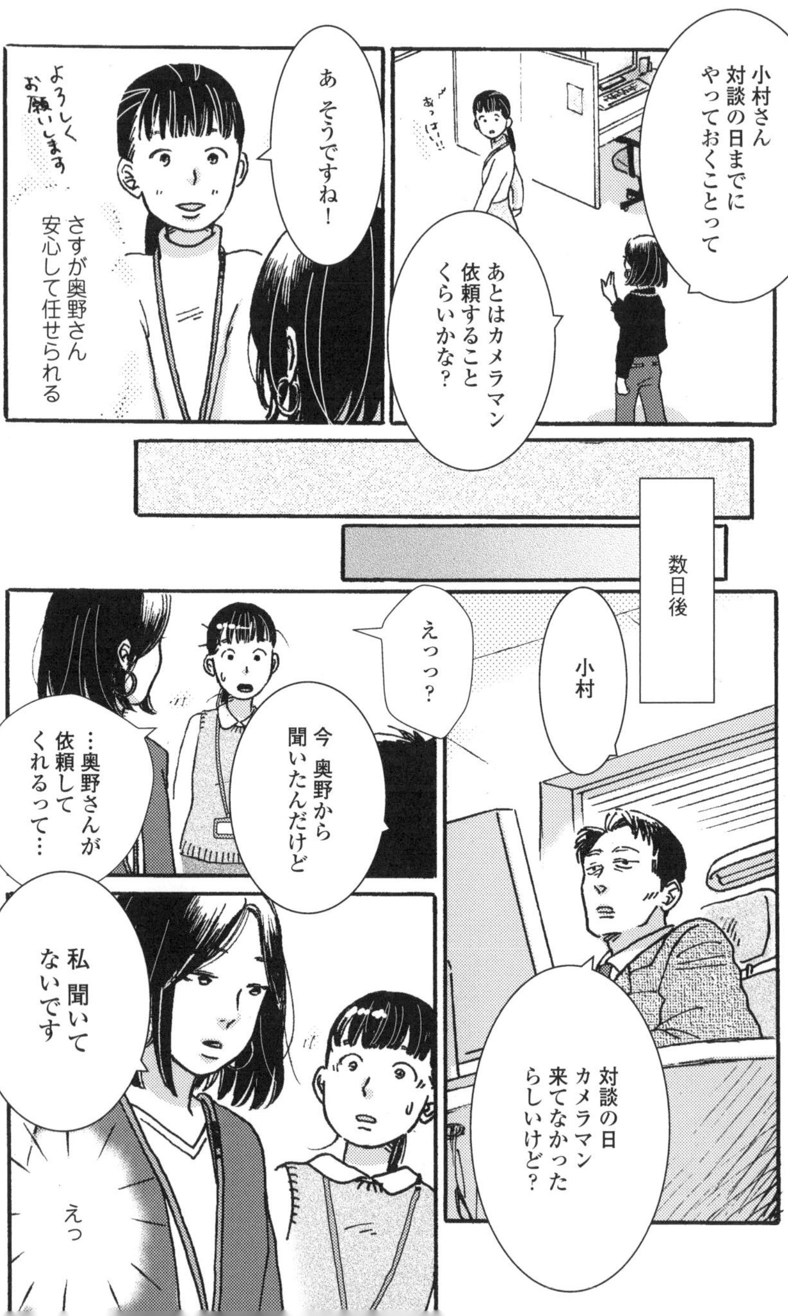
小村さん
対談の日までにやっておくことって
あっはい!!
あとはカメラマン依頼することくらいかな？
あ そうですね！
よろしくお願いします
さすが奥野さん安心して任せられる
数日後
小村
対談の日カメラマン来てなかったらしいけど？
えっっ？
今 奥野から聞いたんだけど
…奥野さんが依頼してくれるって…
私 聞いてないです
えっ

でもごめんなさい
私が気づくべきでした
私 頼み忘れた？
や…でも確かに…
で 写真は？
誰か撮ったんだろ？
私 予備で私物のデジカメ持っていってたので
私が撮りました
……
…私の企画で私が最後まで確認しなかったことが原因だと思います
本当にすみませんでした

写真は撮れてるから大丈夫だろ
奥野 写真 ありがとな
…いえ
……
…こんなことが あって…
奥野さんは 仕事ができて きちっとしてる 人だし…
私のために代わって くれたのに かえって 申し訳なかったとも 思うし…
でもなんか もやる… っていうか
すみません 相談になって ないですよね…

写真も撮れたんだし
私がもっと大らかで
いられたらって…
そうなんですね
その方のこと
どう思って
いらっしゃるんですか?
……
はぁ?
本気で言ってんの?
出来て当たり前
なんだけど
小村さんは来なくていいよ
私 聞いてないです
…私がよく知らないってだけで
きっと良いところが
あると思うし
今回のことも
言ったこと
忘れちゃうことなんて
よくあるし
ミスは誰にでも…

小村さん
誰かを「キライ」ってハッキリ思ったことはありますか？
キライ イヤダって思えることは実はけっこう大事なんですよ
えっ…
ないかも
人をきらいになったこと
良いところを見ようとしてたけど
やっぱり…

奥野さんを
好き に なれない
「キライ」は生きていく上で大切なセンサーです
「キライ」を封じると「なんとなくキライだから関わらない」が許されず
自分で相手との距離感を調整することができません
相手をかばったり無理に好きになろうとしなくてもいいんです

キライだと思って避けていいんです
もし 向き合う必要がある時は
相手と戦うのではなく…
立ち止まって まずは自分の気持ちを確認してくださいね
はい
自分の気持ち…
…あの 先生
そういえばセミナーの時「5人に1人は繊細さん」だって
そうですね
けっこう多いんだなぁと思って あと…

感じの良い人が多いイメージですね優しいっていうか
繊細さんのイメージ
あぁー…
でも…攻撃的になっている繊細さんもいるんですよね…
みんながみんな優しいわけじゃないですよ
相手を攻撃することで傷つきやすい自分を守っているというか
へぇ…
そういう人にもカウンセリングを受けてほしいんですけどね
いろんな人がいるんだ

ちゃぽーん
5人に1人
「繊細さん」がいます
攻撃的になっている繊細さんもいるんですよね…
小村さんは来なくていいよ
奥野さん
「繊細さん」だったりするのかな
奥野さんは仕事で認められる実力があるのに
今回 私がリーダーになったこと

よく思ってない？
ガリガリ…
ぴと
あ
ちょっと待っててねー
にゃ
そして
「キライ」は
生きていく上で大切なセンサー

新サイト立ち上げチームだけど
この4人でやってもらう
じゃ 小村 よろしく
はいっ
資料です
ここ 誤字
まあいいけどわかるから
あっスミマセン

うーん…
何かあるか 奥野
パッと見た感じ…新鮮さに欠けるっていうか
うっ
しんせん…さ
まだ何も説明してない…
えっと ど…どうすれば…
あー違う違う
今っぽくないキャッチーじゃない
目新しいものが何もないよねー皆そう思わない？

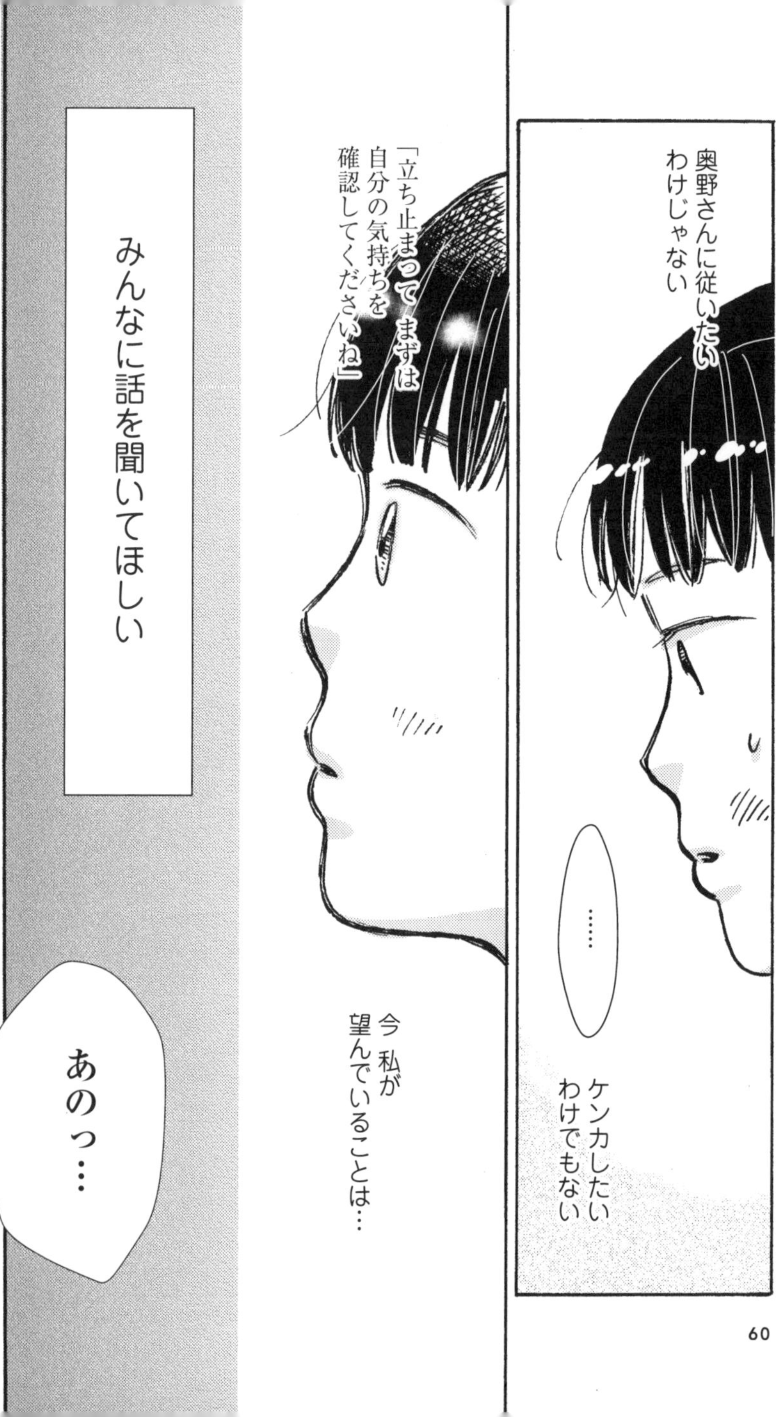
奥野さんに従いたい
わけじゃない
……
ケンカしたい
わけでもない
「立ち止まって まずは
自分の気持ちを
確認してくださいね」
今 私が
望んでいることは…
みんなに話を聞いてほしい
あのっ…

まずは聞いて頂けないでしょうかっ
このサイトはとにかくわかりやすいことを目指しているんです
わかりやすさを目指したのも理由があります
一度 説明を聞いていただいたあとに改めてご意見をいただけないでしょうか

なぎささ聞かせて！
うん 小村始めて
はい！
ああ…

ちゃんと聞いて
もらえて
ボーー…
良かった…
なぎさ？
はっ
聞いてる？
ごめん
何？

もうすぐ
つき合って
3年だねって話
もう3年か…
うんうん
あー
そろそろ…
将来的なことも
考えないと…ね
俺たち
将来的なこと…
それって
結婚…

第3話 「つい人に合わせてしまう」を変えるには

あのクッションのカバーって…
ん？
あぁ これ？かわいいでしょ？
買ったの
安かったのよ
へ
へぇ…
ほら これも
安くてかわいかったから～
ナ‥ナマイキ！

お父さんと
おそろ
ナマケモノ…
パンダじゃないの？
へえー
お母さん
私が結婚するって
言ったら…
がたっ
えっ
そんな話 出てるの？
森くんと？

うーん…まだ
わかんないけど
そろそろ…
良かったねぇ
27だもんねぇ
森くんなら
安心よう
お仕事も
ちゃんとしてるし
感じ良いし
しーん
……
時間ないーー!
あーちゃん
朝ごはんは
約束あるのー
もう行く!
あ なぎちゃん
休みか
えー 食べていけば
いいのにー
前髪
ヘンじゃない?

あ！このスマホケース
どこで買ったの？
えっと…
うあー！
いちごもーらい！
時間ないから帰ったら教えて！
ぱくっ
いってきまーふ
あーちゃんお行儀わるい！
お姉ちゃんも幸せになったし
次は なぎさの番ね！
良い年になるわぁ
もし結婚したら

パタン
絵や写真を飾ったり…
木のぬくもり
インテリアにこだわって
無垢の床
良い器…
ふふっ
素敵なお部屋にしたりして…
さてと

「新サイト 小村が中心となって作ってくれ」
「小村さんは来なくていいよ」
「そろそろ将来のこと考えないとね」
話したいことあるし
みのり 誘ってみようかな…
ポピーン
お みのりだ!
くみのり
今日ヒマ? あそべる～?

なぎさ 何
食べたい？
パスタ食べたいなーと思って
いいねー
あっ 待って今日は中華な胃かも
良いお店あるの！
こっち！
はぁ〜〜

あ
何かあった？
みのりが誘ってくる時は何かあった時だった
もー なぎさ聞いてよ〜
あーでこーで
…だったんだよ〜！
ゴクゴクゴクッ
ぷはーーっ
やっぱりなぎさに聞いてもらうのが一番！
そう？
なら良かったよー

また いつでも…
あやば! あたし行かなきゃ
会社の人に ハーバリウム作り 誘われちゃって
ごめーん また ゆっくりねー
部長
息子さんと ケンカして 機嫌悪いらしい
勉強のことだって
この前 なぎさ 気にしてたから

また気にしてるかと思ってねー
ううん
大丈夫…
あれ
もう自分のせいだとは思ってないや
なぎさ　お昼行こー
そのパンツいいじゃん
似合う～
えっ ありがとう

ポロピーン
くみのり
今日
今日仕事おわってから
ゴハン行ける？
駅の近くのお店！
疲れた…
あ みのり
この前 話せなかったこと
話そう
エレベーター来たよー
OKっと
なぎさ〜〜〜!!
どうした
どうした
ありゃ
落ち着いて
話してごらん

ぶびーっ
はあ――――っ
話したら
スッキリしたー
良かった…
ホッ
話したらお腹
すいちゃった!
食べよ 食べよー
なぎさって 聞いて
くれるから好き!
聞いてくれる
から…
ズキ

疲れた…
ぐったり
また聞き役に
徹してしまった…
そうですかぁ
お相手が
落ち込んでいたり
話したそうにして
いることを察して
いるんですね

相手が話し終わったら話そうと思ってはいるんですけど…
そういえば何かあった時だけ連絡してきて聞くばっかりになってます…
ふむ
ちょっと振り返って頂きたいんですが
その人と会ったときって最初どんなふうに会話が始まるんですか？
え？
もしかしてですけど
自分から「何かあった？」とか「最近どう？」とか聞いてません？

き…
どうした
どうした
何かあった?
聞いてる!
相手を優先して
ばかりでは 一緒にいて
つらくなりますよ
大変な時は
自分を優先して
いいんです
次会った時は
「ちょっと聞いてほしい
ことがあるんだ」と…
まず!
切り出してみましょう!

はい！
やってみます！
武田先生アドバイスが具体的だし、
絶妙に出来そうなことだけ言ってくれる
く みのり
今日
お疲れさまです
このあいだはありがとう〜
明日また飲みに行かない？ 無理だったら全然いいんだケド
ポピー♪
いいよ〜 OKOK
誘ってくれてうれしいー
いつも 私から誘ってる気する
なんか めっちゃうれしいよー
何食べよ
ほっ

なぎさ　聞いてよー！
キタ！
あ
あのね！
わっ　私も
聞いてもらい
たいことが…！

ある……んだ
め…
めずらしーね！
何？　何？
先に
話してもいいんだ？

新しいプロジェクトを任されてね
前から抱えてた仕事を先輩が引き取るって言って…
依頼もれのミスがあって…私は確かに先輩にお願いしたんだけど 聞いてないって部長に報告されちゃって…
プンプン
え！ それってわざとでしょ
なぎさが認められて悔しいから嫌がらせしてるんじゃない？
…そう…なのかなあ
はむっ
そうに決まってる！
ミーティングの時には

概要を説明する前にその先輩に意見を言われてね
うわ 出た で どうしたの？
まずは説明をさせて下さいって伝えたの！
それで改めてご意見下さいって
そしたら皆ちゃんと聞いてくれたんだ

なぎさ…何か
少し変わったね？
すごいじゃん
え？
そうかな？
高校の時から
優しいなぎさに頼って
聞いてもらってばっか
だったけど
今日は なぎさのこと
聞けて嬉しい！
また
話してね

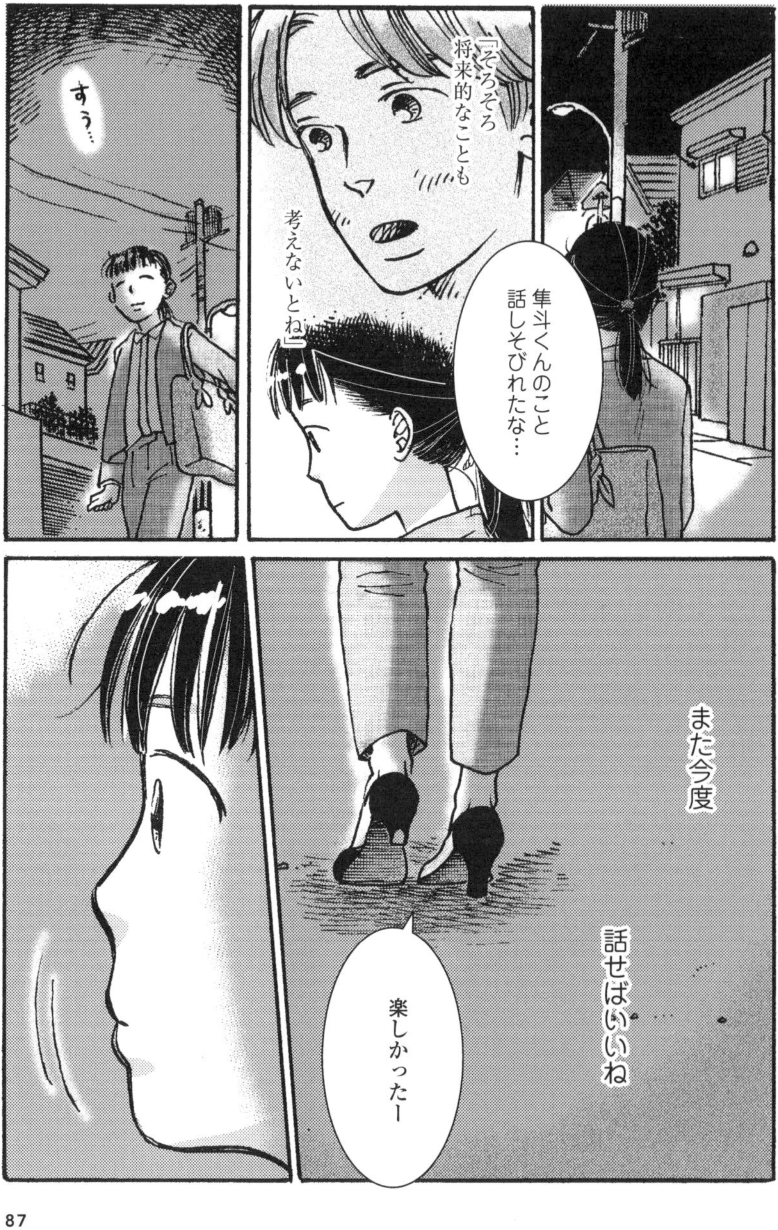
隼斗くんのこと
話しそびれたな…
『そろそろ
将来的なことも
考えないとね』
すう…
また今度
話せばいいね
楽しかったー

隼斗くん?
どっ
どうしたの?
え? 今日って…

!?
…心配で
昼から既読つかないし電話しても出ないから
何かあったのかと思って
はあー
心配かけてごめんなさい
みのりと会ってて全然 スマホ見てなくて…

あの…
寄っていって？
お茶でも…
いい
疲れてるから
今日は帰るよ
怒ってる…
よね
……
ムリもないか
今日はパンツスーツなんだ？
え？ あ
うん
心配して
ずっと待ってたんだもん…

最近これ着てる
同僚の子からほめられたん…
だ…

第4話
私はどうしたい？
隼斗くんと出会ったのは
大学の学園祭の実行委員会だった
うわっ めーっちゃ きれい
皆 見て見て この子のうろこの貼り方！
わー
キレイ
ていねい！
…小村さんだっけ？
ハイ
皆 小村さんを見習えー
3年先輩の隼斗くんにはつき合ってる人がいて
いいなー
ふたりともステキ～
ねー
みんなのあこがれだった

就職してから再会して
実行委員OB会のパーティー
あの…
えっと…〝小村さん〟！だっけ？
ハイ…
おぼえててくれた…
魚のうろこ貼るのダントツうまかった子だ！
当時皆のあこがれでした…彼女さんとも素敵なカップルで…
うへっ
そうなの？ま 別れちゃったけどねー
彼女気が強くてさ
小村さんて人知れずコツコツやれるとこがすごいよね
それからつき合うことになって
初デートなんでしょぉ？
地味すぎない？
そう…かなぁ
オーガニックコットンのシャツなんだけど…

こっちの方が…
ほらっ
ありがとう
お母さん
行ってくるね
行ってらっしゃい！
わっ 今日
なんか印象違くない？
すっごい
可愛い！
やったあ

どれにしよう？
なぎさは
どれがいいの？
これかな
シンプルな
…でもさ
なぎさには
こっちの方が
良いんじゃない
これ
なぎさっぽい！
隼斗くんが私のために
選んでくれた
ありがと
なぎさは
どれがいいと
思う？
これ…かなぁ
でも この格好には
このキャップでしょー

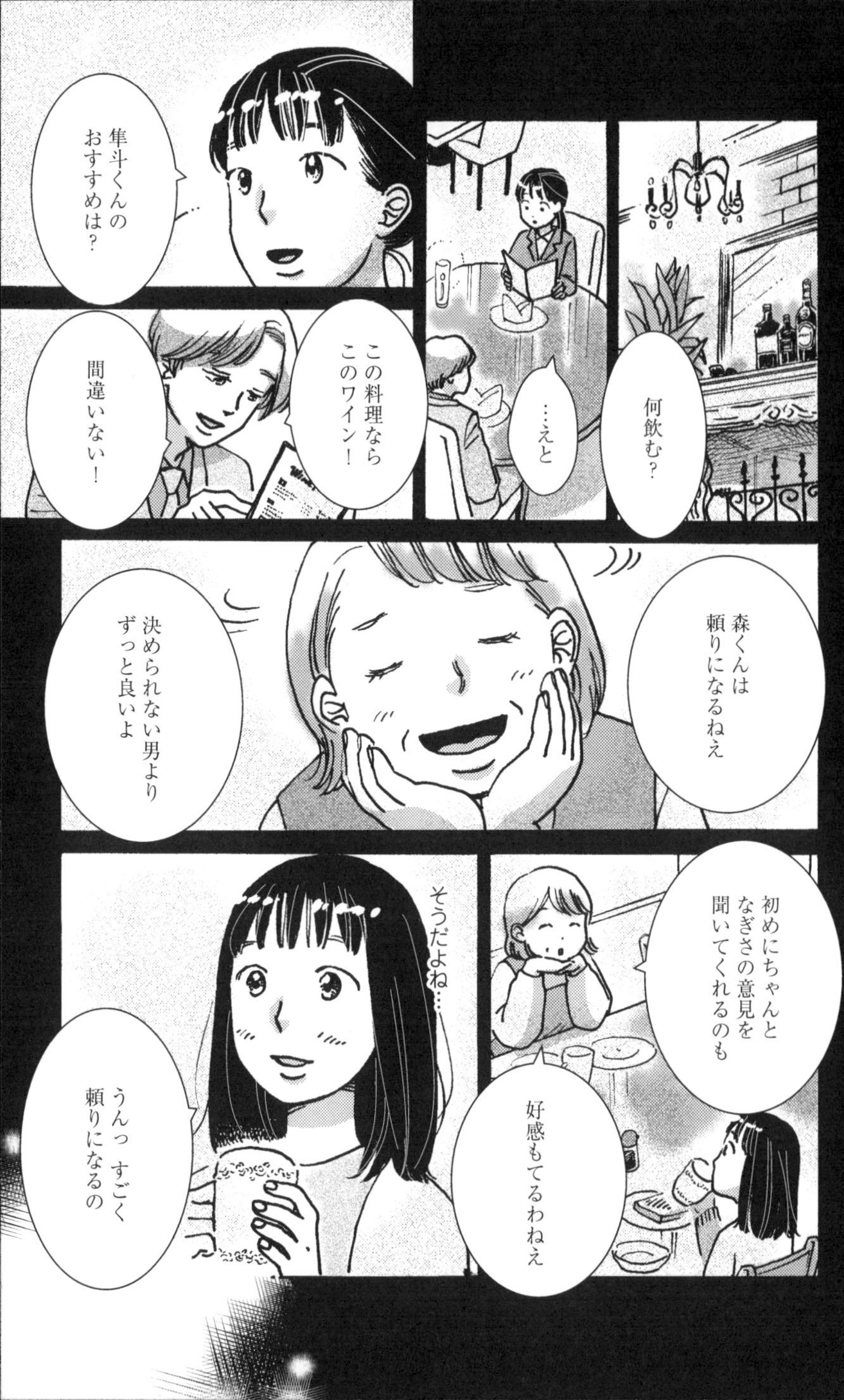
何飲む？
…えと
隼斗くんのおすすめは？
この料理ならこのワイン！
間違いない！
森くんは頼りになるねえ
決められない男よりずっと良いよ
初めにちゃんとなぎさの意見を聞いてくれるのも
好感もてるわねえ
そうだよね…
うんっ すごく頼りになるの

おはよう
ございます
おはようー
……
結婚まで
考えてくれてるのに……
大事にしないと
8:07 昨日はごめんなさい
8:07 今日 ちゃんと 会って 話したいです。
8:09 本当にごめんなさい。
既読8:09
りょ。 8:09
じゃ いつものとこで 待ち合わせで いい？ 8:09

そんなに 怒って…ない？
いや
この文面じゃどっちともとれるよー
パチ
パチ
パチ
第2弾決定したからー
えっ 何？
カタッ
パチ
先週アップされた対談の企画
何の拍手…？
パチ
評判がすごく良いから
直ちに第2弾ね

奥野
はい
藤田《ふじた》
はい
よろしくー
パチ
パチ
パチ
パチ
奥野さんの企画に
なっちゃった
私の企画
だったのに…
昨日は
みのりと会ってて
スマホ全然見てなくて
本当に
ごめんなさい！
うん…いや 心配で
悪い想像ばかり
しちゃって…
こっちも突然
家まで行ったりして
ごめん

ううん…ありがと
そういや みのりちゃんて
なぎさに頼りきってる子だよね
えっ
昨日は私が話を聞いてもらって…
う…うん
ごめん みのり そういうことにしとく！
昨日も大変だったんだろうね
…で
なぎさのご両親にご挨拶したいから
いつがいいか相談しておいてよ
あっ
は…
はい！

ガヤ
ガヤ
ワー
15名様でーす
ガヤ
…るせぇ
チッ
あ
あのさあ！
うるさくて
話できないんだけど！
はっ…
すみません
何とかして
ガヤ
ガヤ
ガヤ
申し訳ございません
ご予約のお客様で…
あ…
隼斗くん お店
変えよう？
ね？

ガタッ
はぁ――っ
……
スタスタスタ
ご迷惑おかけしてすみませんでした
あの 大丈夫ですから…
怖い
私 時々
隼斗くんが怖い

隼斗くん
疲れてるのかな
それとも
……
昨日の私に
怒ってる?

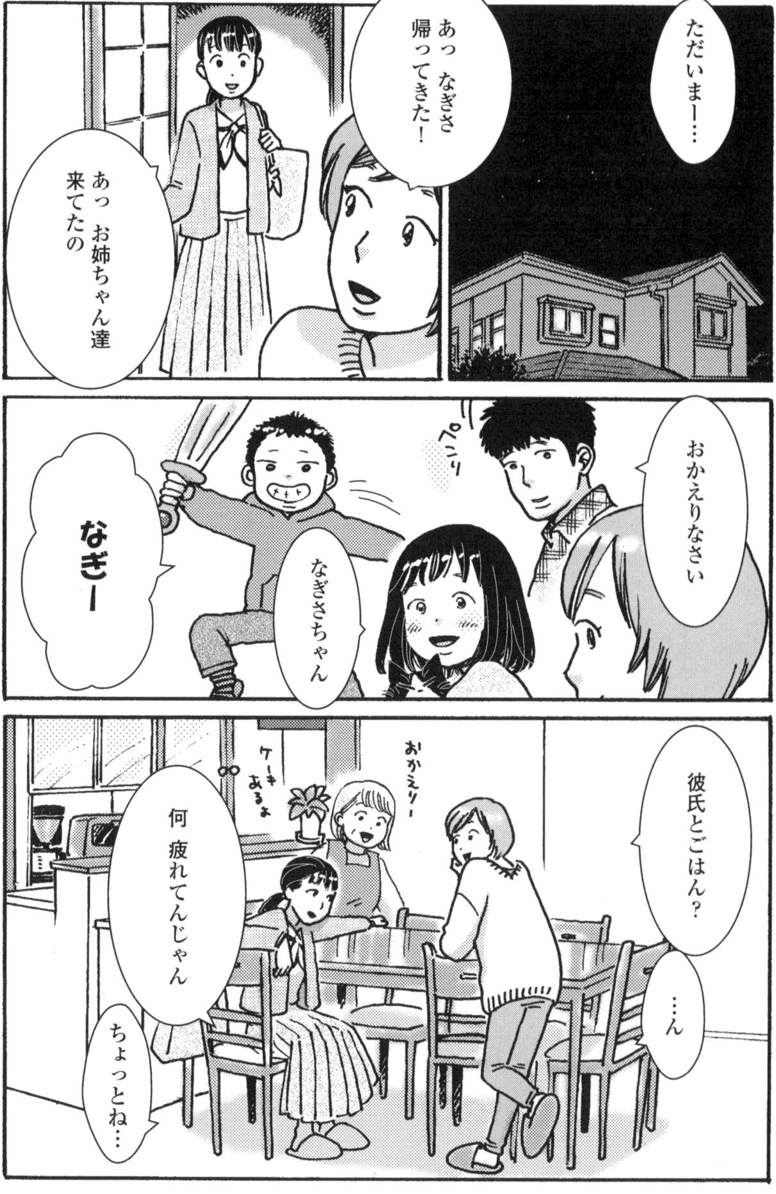
ただいまー…
あっ なぎさ帰ってきた!
あっ お姉ちゃん達来てたの
おかえりなさい
ペンッ
なぎー
なぎさちゃん
彼氏とごはん?
おかえりー
ケーキあるよ
…ん
何 疲れてんじゃん
ちょっとね…

ちょっとー
散らかしすぎぃ
帰るとき
片付けてよ？
〝結婚〟って
いいものだよね…
なぎさ
知ってた？
人形のお洋服って
高いんだよう
へえ…
見てー
でも
すっごい
かわいくてさー
こんなのとか
今日 お店
行ったけど
買えなかったよー

…作ってみようか？
こんなにちゃんと出来るかわかんないけど…
えーーっ ホント？
なぎさ 器用だもんねー
ここちゃん どれ作ってもらう？
えっとね
これ！
ええーー そう…？
ママは こっちとかが…
大人っぽいしー

うん じゃ
こっちにする
でしょー
初デート
なんでしょう？
こっちの方が…
ほらっ
ありがとう
お母さん
行ってくるね
なぎさ？
あっ うん
これね！
画像送って
ここちゃん
……
上のお部屋
行こう

お洋服さ もう1枚 作ってあげるよ どれにする？
いいの？
ドレス！
ね お母さん 昔なぎさの服だけ
タグ切って あげてたよね ちくちくする とか言って
そうだったねぇ
こころも そうなの！
全部 切ってあげてる
へぇー ここちゃんも？
…似た者同士 なのかもねぇ
気も 合うし
あのふたり

お付き合いしてる人がいるんですが
結婚…の話が出て
そうなんですね

…でも そもそも
自分が本当に
結婚したいのか
いつかはするのかなって
漠然とは思ってましたが…
わからなくなって
しまって…
こっちの方が…
ありがとう
お母さん
森くんは
頼りになるねえ
その学校なら
なぎさに合ってる
と思うよ
その会社だったら
将来　安心よう

次はなぎさが幸せになる番なのねぇ
…なんか変かもしれませんが
母が喜んでくれるから結婚しようとしてる…のかなとか思えてきて
お母さんが喜んでくれると嬉しいというのは自然なことですが
ひっかかるんですね
繊細さんは相手のちょっとした仕草や
言葉のニュアンス声のトーンなどをキャッチし

相手が何を望んでいるのかを察知します世間や保護者の影響を受けて
自分がどうしたいのかが埋もれてしまうことがあります
もし結婚するとしたらなぎささんはどんなことが嬉しいですか？
……
インテリアを自分の好みにできる
母が喜んでくれる
彼は帰りが遅いことも多いのでひとりでのびのび…
ひとり…
……
隼斗くんと一緒に居られることじゃない

なぎささんが本当にほしいのはなんでしょうね？
「私はこうしたい」という自分の本音を
どれだけ大切にできるかが勝負どころですよ
…もう少し考えてみます
…

痛っ…
やっぱり合ってない
この靴…
ずっと我慢してたんだ…
え？靴買うの？
買ったばっかりじゃなかった？
俺が選んだそのパンプス

足が痛いの…
俺が選んだのに
!
わ 私の足は痛くても…
私の足はいいってこと？
あはっ
…どうしちゃったの？なぎさ
そんなに痛かったんなら買ったらいいでしょ
行こ？

なぎさは どれがいい？
これにしよう かな…
歩きやすい
それ いいね！
えっ…
でも やっぱり
なぎさには こっちがいい
こっちの方が 似合ってる
…

これ 履いて 帰ります
よくお似合いです
ありがとう ございます
少々お待ち 下さい
……
隼斗くん
スタ スタ スタ
怒ってるよね
これで いいんだ
グラスワイン 2つ 白
あっ いえ
わ 私は ビールに…
はい
え?

この前菜には ワインでしょ
何言ってんの
ビールが 飲みたいの
私は
はぁ——っ
なぎさ どうしたの今日
なぎさらしく ないよ
らしい…?
私らしいって…

隼斗くんの…
言う通りにしていれば私らしいの？
からむなよ 疲れてんの？
リーダーになって大変なのはわかるけどさ
こっちに八つ当たりするのはやめろよ
ちがうよっ…

だめ
好きだと思ってたところが
ひっくり返ってしまった

この人と
結婚はできない

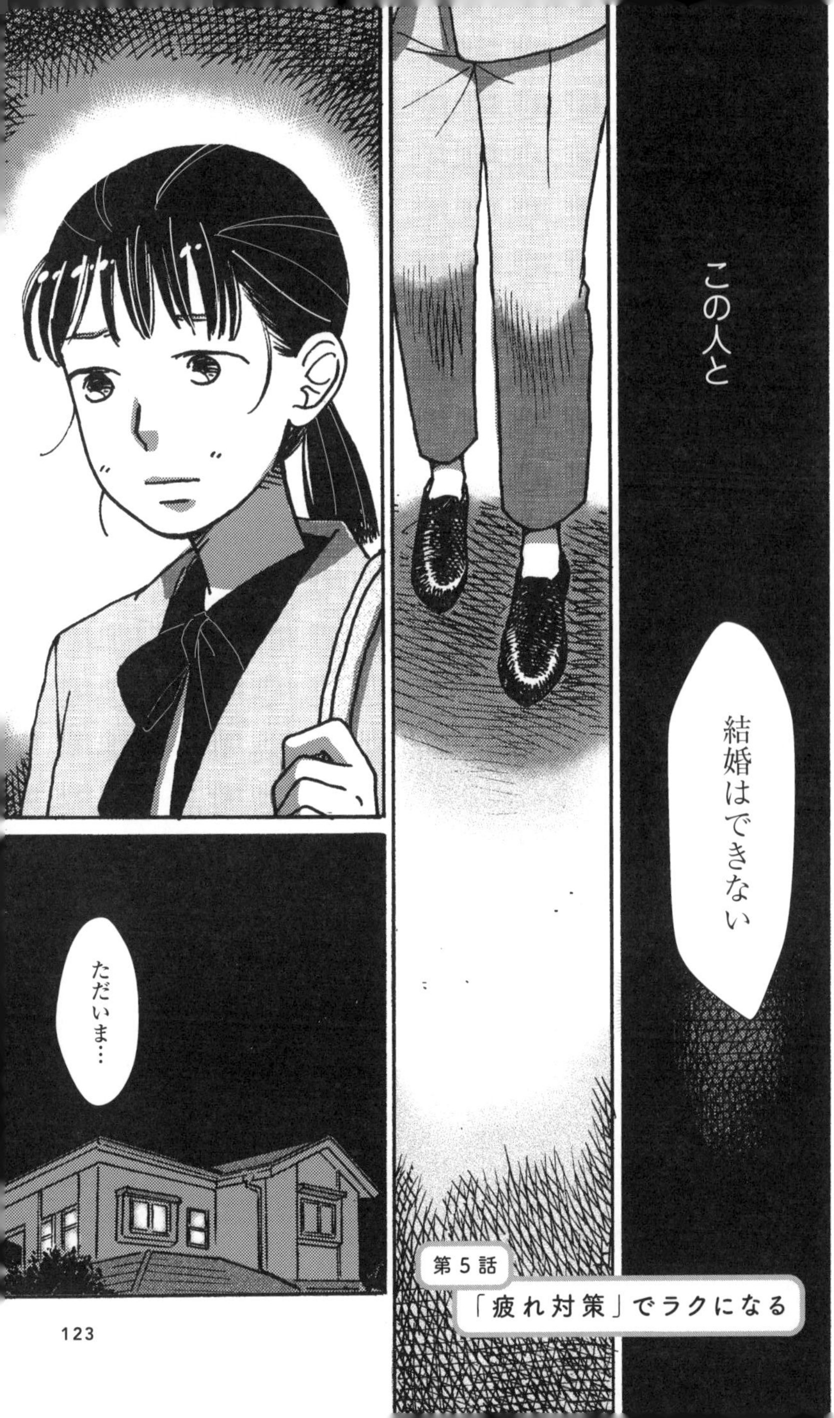
この人と
結婚はできない
第5話
「疲れ対策」でラクになる
ただいま…

おかえりー
あらっ…
タン
タン タン
タン
パタン
疲れ…たぁ…

お父さん
なぎさの様子が
何か変なのよ
え？
帰ってから
すぐ部屋に
行っちゃって…
あー
心配させてる
でも ひとりで
いたい…
うー
コンコン
なぎさ？

ごはん食べてきた？
食べたよ
あまり食べれなかったけど
でもお腹すいてない…
…大丈夫？
ガチャ…
やっぱ少し食べよかな
スリ〜
うっ…
チカ
チカ
うちのリビング明るすぎるなぁ
何かあった？

ちょっと疲れちゃって…
ごめんね お母さん
結婚 喜んで くれてたのに…
お風呂入ったら もう寝るね
ゆっくり 休んで
シャワワ～
ブォォ。
ひとりっきりで のんびりしたい なぁ…

カタッ
23:10
ピピッ
ビクッ
ゆい携帯
着信中
おっ
おっ
お姉ちゃんか…
もしもし
こんな時間に
何――?
あ なぎさ?
お願いしてた
お人形の洋服だけど

もう作っちゃった？
え そんなこと？
まだだけど
良かったあ あのね スカートの色なんだけど…
うんうん はーい
じゃあね ばいばい
ふうっ
他は着信なし…
おやすみー

昨日 あれから なかなか 寝れなかったあ
カタ カタ カタ
むーー…
サイトオープンまで 日がないけど
カタ カタ
このペースでいけば 何とかなるよね
余裕は ないけど

久美ちゃん
書類落ちちゃうよー
トッ
トッ
ストン
…

落ちそう…
ギリギリ
よし
ストン
さっ
つづき
つづき

No.4
商品管理
No.5
商品管理
No.8
商品管理
No.6
商品管理
No.7
商品管理
No.9
商品管
……
スコッ
商品管理ファイル
これでよし!
はっ
って…

仕事 仕事！
気が散りやすいぞ
気になってることが
あるからなのかな

郵 便 は が き

63円切手を
お貼り
ください

1 0 1 - 0 0 0 3

東京都千代田区一ツ橋2-4-3
光文恒産ビル2F

(株)飛鳥新社　出版部　読者カード係行

フリガナ ご氏名	性別　男・女 年齢　　歳
フリガナ ご住所〒 TEL　（　　）	
お買い上げの書籍タイトル	
ご職業　1.会社員　2.公務員　3.学生　4.自営業　5.教員　6.自由業 7.主婦　8.その他（　　）	
お買い上げのショップ名　所在地	

★ご記入いただいた個人情報は、弊社出版物の資料目的以外で使用することはありません。

このたびは飛鳥新社の本をご購入いただきありがとうございます。今後の出版物の参考にさせていただきますので、以下の質問にお答え下さい。ご協力よろしくお願いいたします。

■この本を最初に何でお知りになりましたか
1.新聞広告（　　　　　　新聞）
2.webサイトやSNSを見て（サイト名　　　　　　　　　　　　　　　　）
3.新聞・雑誌の紹介記事を読んで（紙・誌名　　　　　　　　　　　　　）
4.TV・ラジオで　5.書店で実物を見て　6.知人にすすめられて
7.その他（　　　　　　　　　　　　　　　　　　　　　　　　　　　　）

■この本をお買い求めになった動機は何ですか
1.テーマに興味があったので　2.タイトルに惹かれて
3.装丁・帯に惹かれて　4.著者に惹かれて
5.広告・書評に惹かれて　6.その他（　　　　　　　　　　　　　　　　）

■本書へのご意見・ご感想をお聞かせ下さい

■いまあなたが興味を持たれているテーマや人物をお教え下さい

※あなたのご意見・ご感想を新聞・雑誌広告や小社ホームページ上で
1.掲載してもよい　2.掲載しては困る　3.匿名ならよい

ホームページURL http://www.asukashinsha.co.jp

ピロリ
ビックーン
マナーモード
し忘れてたっ
あわ
あわ
ピリリリ
え
ゆい携帯
着信中…
応答
拒否
また
お姉ちゃん!?

仕事中なんだから出らんないよ!
拒否
お姉ちゃんに何かあったとか…
もしもしお姉ちゃん?
もしもしー
何かあったの?

お人形のお洋服のことなんだけど
へっ？
色さあ 昨日 緑系のチェックが良いって言ったけどやっぱ赤系かなあって思ってー
私 今 仕事中だよ？
あれ？今日って平日だっけ
もう切るね！
ごめーん がんばってねー
あはは
はぁぁ…
電話…
隼斗くんからかと思った

結婚はできない
このままっていうわけにいかないし…
SATURDAY
SUNDAY
カウンセリング 13:00～
打ち合わせ
「私はこうしたい」をどれだけ大切にできるかが
勝負どころですよ
結婚はしない
このままつき合っていく？
私はどうしたい？

結婚は しないことに しました
なぎささんが
そう 決めたんですね
それで ひとりになって 休んだり まだ色々と 考えたりしたいんです けど
実家暮らしなので 部屋にこもると 家族に心配させて しまうのが 申し訳なくて
繊細さんには ひとりの時間が必要です そんな時は「疲れたから 部屋で休んでるね」
「考えたいことがあるから 部屋にいるね」って ざっくり理由を伝えてから 休むのがおすすめです
そういえば 疲れすぎてて
何も言わずに 部屋に入って しまったかも

種明かしをしますと 実は理由を伝えるのは相手のためというより自分のため
繊細さんは相手の気持ちによく配慮するので
自分の行動によって誰かが嫌な思いをしないかなと考えるところがあります
「あなたのせいではない」とはっきり伝えることで心配が減り
心置きなく休めるようになりますよ
なるほど
あ あと 仕事で集中しないといけないのに
デスクの周りのことが気になりすぎて

見ようと思ってる わけではないのに 色々目に入ってきて しまう時があって…
相手の感情や 場の空気を察するとき 五感のどの感覚を メインに使っていますか？
やっぱり… 目 でしょうか
あと耳もかな
なぎささんのように 目から情報を 取り入れやすい人
自分に 関係のないものまで 見えすぎている人は
見るものを 必要最低限に 抑えるのが 対策の基本です
伊達メガネをかける サングラスをする 縁の太いメガネで 見る範囲を決める などの方法があります
私も眼鏡の度を 落としているんですよ

へぇえ――
やってみようと思います！
あぁー あと姉のことで
愚痴になってしまうんですけど
今じゃなくてもいいようなことで夜中や仕事中に電話をかけてくることが続いて
私なら電話する前に相手の状況を想像したりして
時間的にもう寝てるかなとか仕事中かなとか控えると思うんです
配慮することがごく当たり前の繊細さんからすると
まわりの人たちは「配慮に欠ける」ように見えることがあります
「配慮する力」にも個人差があります

「なんでそんな無遠慮なことをするんだろう？」と思ったら
まず相手がこちらの状況に気付いているか？
という視点で観察することが必要です
もしかするとただ気付かないだけなのかもしれません
「そうか 気付いていないのか」とわかると
相手の行動に振り回されることが減りますよ
ほほ―
細々した相談にも明快な対処を教えてもらえて
助かりました！

ありがとうございました！
メガネ
クリーニング
承ります
Hair & Nail
Salon
CORE
Open 10:00
Close 20:00
予約してないんですけど…
毛先をカットして…いつも通りで大丈夫ですか？
はい
あ…
いえ

チョキ
「私はこうしたい」を
どれだけ大切に
チョキ
できるか…

ただいまー
おかえ…
わあっ
かわいい〜
パーマ似合ってるじゃない
色もいいわよぉ
集中したいから部屋に行くけど心配しないでね
うん わかった

ブル…
あ お姉ちゃんの
車の音
バタン…
ピッ

やっだー
なぎさ!
めっちゃ似合うよ
その髪
づかづか
あっ お洋服
作ってくれてるの――?
うん…
あ…
あははっ
えー 何ー?

ピンポーン
はーい
はっ すぐ行きますー
どうぞどうぞあがってー
なぎさぁ

…隼斗くん？
……

隼斗くん…
え？
第6話
共感できる相手はどこにいる？

すごい雰囲気変わったね
似合ってるよ
あ…髪…
ス
突然…
夜分遅くに大変申し訳ありません
なぎささんと結婚させて頂きたくて
今日はそのご挨拶に伺いました
――!!
ホント…突然だな
…でも嬉しいわぁ
こちらこそ…
ちょっ

ちょっと待って…
ちょっ…ちょっと…こっち
こっちで話そう？
どうしてこんなこと…
結婚はできないって
話したよね

ねえ 本当に どうしちゃったんだよ
頼むから
元のなぎさに 戻ってよ
あの人のせいで… あの人に会ってから だよね
なんか心理的なこと 相談してる人が いるって言ってたけど
もう会うの やめたら？
武田先生の こと…

…これが私だよ
なぎさ
別れたい
は？
…わ別れてくださ…
それで

本当にいいんだ？
……

別れよう
……
ぱたん…

あっ なぎさ
森くんは？
帰ったよ…
何でよ ちょっと何が…
ごめんっ
結婚は ないから
ええ どうして？ あんな良い人…
おちついて ね 考え直しなさいよ

お母さんには
わかんないよっ…
はっ
ど…
どうしちゃったのよう…
なぎさぁ
タ。タ。タ。

カンパーイ
サイト無事オープンできたねー
みんな何食べるー
これおいしそう
ねーホッとしたぁ

小村センパイ そいや パーマカラー めっちゃ似合いますね
かーわいい
てへへ
おはよー
そうそう 私も今朝…
あーっスゴイ！ なんかちがう
やっだぁ キレイに なっちゃって 何か 良いことあったーん？
ない…
…あ
別れた
まさかの
彼氏と 別れたんすか
まあ 今日は のめのめ
のも のも
ぴえーん
このサイト もっと照明の実例集 増やした方が良いと思う
え!?

まあ 奥野さん ダメ出しはまた…
この実例集が 良いと思うの
だからもっと色々 見たいなって…
思って…
そうですね！ もっと色んな 実例集 増やして
より良いサイトに していきましょう
私 ふつうに ずっと見ちゃう
ラインナップも 増えたし
どれ買おっかなー って
私も！
あ 私この シリーズが すごい好きで
ブランド別
あ それね！

その照明を入れてくれた人が…
そろそろ来ると思うんだけど
え？
こっちこっち
あっ来た来た
お疲れ様でーす
商品企画部の方々でーす
席大丈夫かな？
おしぼりおしぼり
メニューどうぞー
menu
久美ちゃん呼んでたんだ？
そーう
あ 久美ちゃんおかわり頼む？

スミマセーン
奥野さん 飲み物 まだありますか？
まだいいよ
カンパーイ！
2回目ー
ワイ ワイ
ひなちゃん これ食べた？
あっ まだです ありがとう ございます！

REST ROOM
ぐったり
あ〜
疲れたぁ
そろそろ終わるかなぁ…
あ…
商品企画部の…
瀬尾《せお》です
あっち テラス出られますよ
そっそうなんですか
けっこう眺めよくて
ゆっくりしててもいいんじゃないですか
へっ?
…はあ

お疲れー
またやろーねー
この前 職場の飲み会があったんですけど…
自分では楽しいつもりでいるんですけど最後にはすごく疲れてしまって
ひとりになるとホッとしてしまうというか…これも繊細さが関係してるんでしょうか
繊細さが関係している部分もあるでしょうしそうでない部分もありそうですね
人と一緒の時間が長いと苦しくなるのは繊細さんの神経システムがそういうふうにできているからなんです

大勢がいる場でのコミュニケーションで繊細さんの心はフル回転します
場の雰囲気は明るいかどんよりしてるか
誰が楽しんでいて誰が無理をして笑っているか…
全員に料理が取り分けられているか空調のかすかな音など
ゆっくりしててもいいんじゃないですか
繊細さんの神経システムはこういったことに反応するようにできています
誰にでも最適な刺激レベルがあり
他の人にとって何でもない刺激が繊細さんにとっては強すぎる場合があります
なるほど——…
ただ人といて疲れるのは繊細さ以外の原因も考えられます

役に立たなくちゃとか まわりからどう 見られてるだろう という思いが強いと
スミマセーン
おかわり頼む？
必要以上に 気を張って しまいますよね
自分が頑張って 場を盛り上げなく てもいいし
相手のお世話を しすぎなくても 大丈夫です
のんびり座っておける ようになると
飲み会もずいぶん ラクになりますよ
…あ
そういえば彼とは 別れて…
そうなんですか
すぐに次の恋！ とは 思えないですが
深く共感しあえるような…
繊細な感覚を持った人と いつか会えたらいいな と
自分と似た感覚を 持っている人や
共感しあえる相手が 必ずいます！
繊細さん仲間を 探すには具体的に 大きく分けて
探しに行く 見つけてもらう の 2つの方法が あります
私は
どっちが良いんだろう…

カシャッ
ごはん屋さん カフェ 雑貨屋さんなど 「なんだかいいな」と思う お店があったら 通ってみて下さい
自分がいいなと思う 場所には 似た感性の 人が集まります
HSPの交流会に 参加するのも おすすめですよ
色々と行ってみたく なってきました あと見つけてもらう方法は…
「好きなもの」「思ったこと」「感じたこと」をSNSで 発信してみましょう
その表現を見て つながった人は なぎささんの思いや感性に 共感してくれる人です

一度会っただけでは
なかなか話せない
心の深部まで発信できる
という点でも
SNSは
繊細さんと相性の良い
アイテムです
カシャッ
アカウント取っただけで放置してたもんなー
なかなか良い写真がとれたぞー
Cafe
小さなおうち
サンドイッチ
パン
ケーキ
ドリンク
Take out できます
ビーガン対応メニューありまぁす!
よし!
13:40
70%
投稿
小村 渚
素敵なカフェを 見つけました。
のんびり遅めのランチしています。
久々の投稿だー

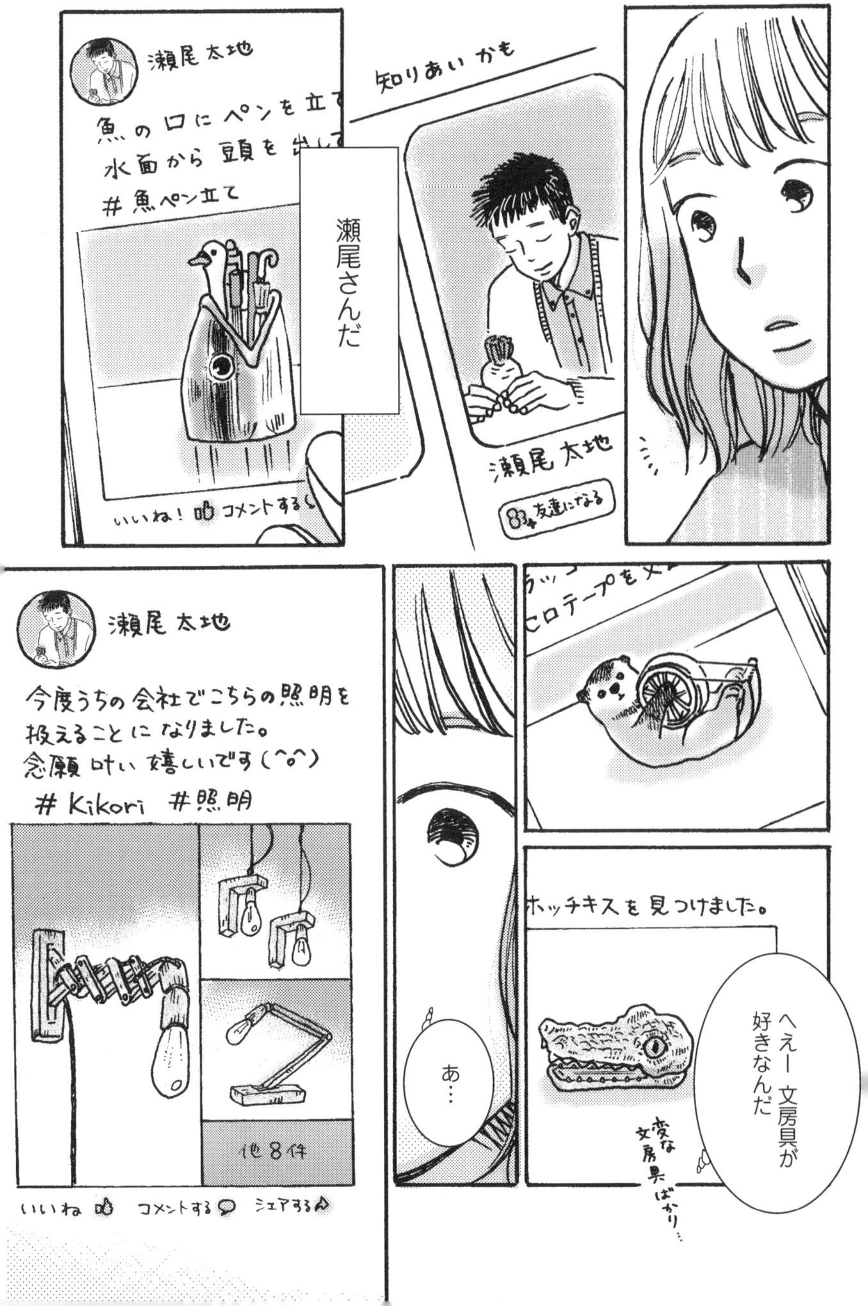
知りあい かも
瀬尾太地
友達になる
瀬尾太地
魚の口にペンを立て
水面から頭を出して
#魚ペン立て
いいね！ コメントする
瀬尾さんだ
セロテープを
ホッチキスを見つけました。
へえー 文房具が好きなんだ
変な文房具ばかり…
あ…
瀬尾太地
今度うちの会社でこちらの照明を
扱えることになりました。
念願叶い嬉しいです(^o^)
#Kikori #照明
他8件
いいね コメントする シェアする

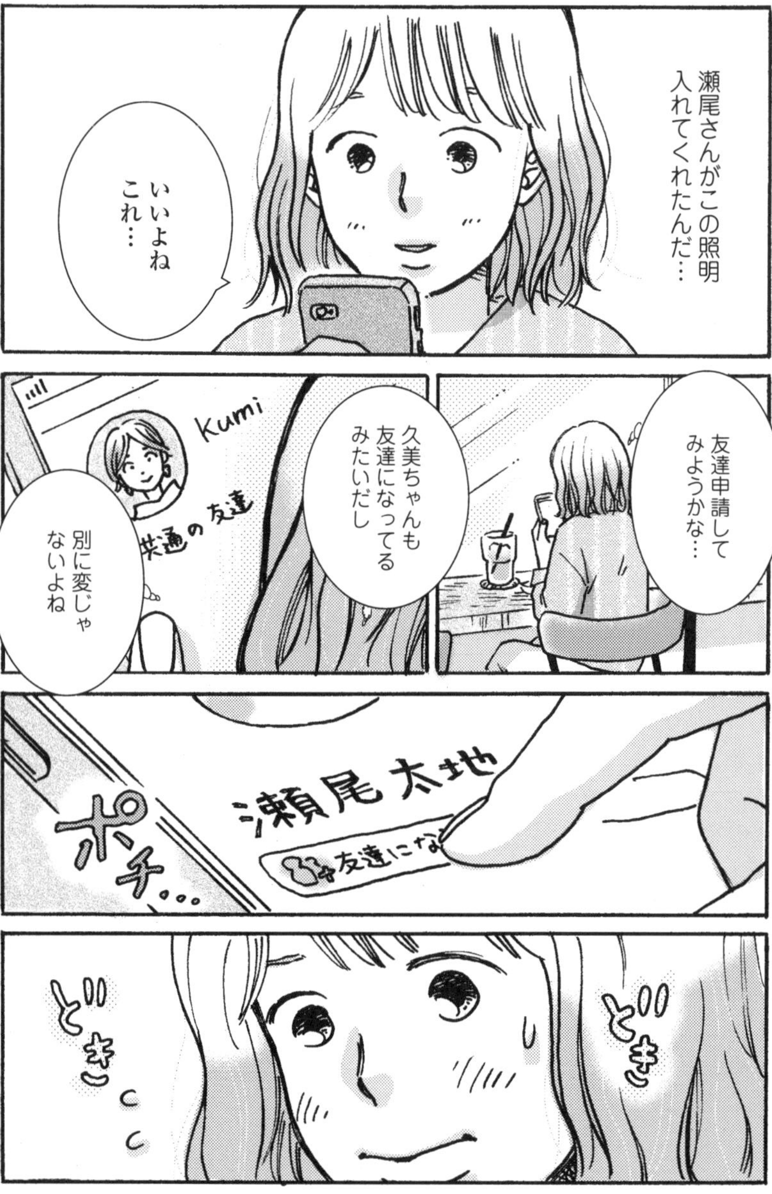
瀬尾さんがこの照明入れてくれたんだ…
いいよね これ…
友達申請してみようかな…
久美ちゃんも友達になってるみたいだし
別に変じゃないよね
Kumi
共通の友達
瀬尾太地
友達にな
ポチ…
どき どき

こちらもKikor
にも良さそう。僕もほ
サイドランプ # テーブルランプ
照明
Kikori
ひとり暮らし
#ひとり暮らし

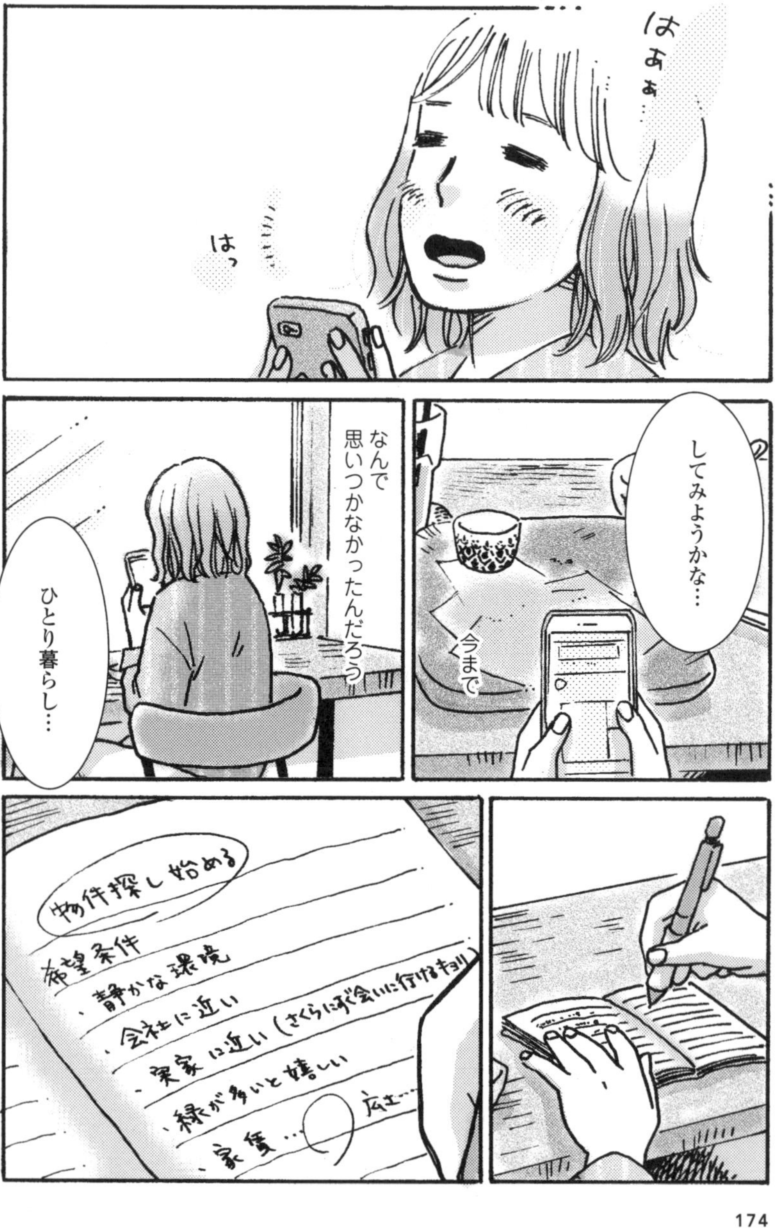
はぁぁ…
はっ
してみようかな…
今まで
なんで思いつかなかったんだろう
ひとり暮らし…
物件探し始める
希望条件
・静かな環境
・会社に近い
・実家に近い（さくらにすぐ会いに行けるキョリ）
・緑が多いと嬉しい
・家賃…　広さ…

Bath room
Hall
kitchen
Living
1LDK
CL
UB
K
結婚がしたかったんじゃなくて
私
ひとり暮らしがしたかったのかも

…
はっ
瀬尾太地
友達リクエストありがとうございます。よろしくお願いします！
こちらこそよろしくお願いします。
照明の"kikori"シリーズすごくいいなと思ってました！どれを買おうか迷います。
いいですよね！僕もすでにいくつか購入しましたよ(^o^)
ひとり暮らし…？
もう物件も何軒か見てきたし…

ボロ
ボロ…
何で？
えっ？
お母さん…？
だって…
だって
結婚はしないって…
なのに…
…また急に
ひとり暮らしとか
言い出すし…
なぎさのこと
もう
わかんないっ
わっ――！

……
まあ　なぎさも　もう大人なんだし
自分で決めた　ことだもんな
今までお母さんと　うまくいってたのって
……
にゃお　ーお
お母さんを　悲しませたくは　ないんだけど…
私が合わせてたから　なのかな

お風呂入る…
お母さん なぎさのこと心配なんだよな
時間たてば納得するさ
…うん
もう決めたことだから
私は大丈夫
引っ越し
おまかせ
0120-
じゃー行くね

気をつけてな
スネてる
たまには帰ってくるよな
母さんのためにも
うん！
もちろん！
スーハー！！
さくらぁ また帰ってくるからね
そして
初夏の日の朝
私は家を出ました

チュン
チチ……
ふ――
ひとり暮らし
さいこぉ――♪
第7話
手助けするのはちょっと待って！

ピンポーン
お姉ちゃーん
あやみ？
へえー まあまあ
広いじゃん
どさっ
にゃはっ
家出してきた
ここにしばらく
置いてー

ええっ!?
何でよ
実はさー お母さんと ケンカしちゃって
あっ!
なぎちゃんのことで ケンカしちゃったんだよ
私のことで?
あたしもひとり暮らしするって言ったら お母さん「絶対ダメ!!」って
だから飛び出して来たっていうか
なんでそうなるの~ てか私のせいじゃないでしょ それ
家に戻りな
ねえ いいじゃーん
お願い!!

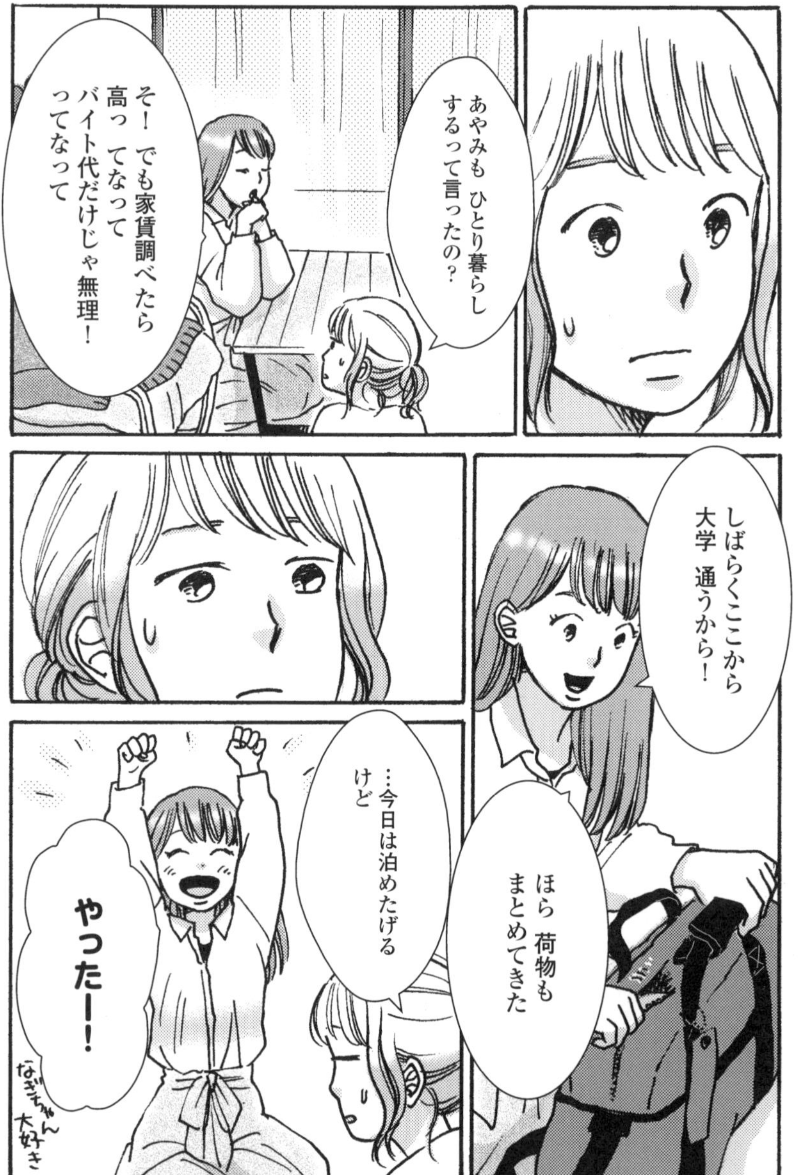
あやみも ひとり暮らしするって言ったの?
そ! でも家賃調べたら高っ てなって バイト代だけじゃ無理! ってなって
しばらくここから大学 通うから!
ほら 荷物もまとめてきた
…今日は泊めたげるけど
やったー!
なぎちゃん大好き

まあ すぐ帰るでしょ…
お母さん
なぎさのこと もう
わかんないっ
あれから話してないんだよね…
あやみ？仕事行くね
もぞ
んん～…
ひらひら

なぎささ
ランチ行くー？
あ、うん
ちょっと
待っててねー
もしもしー
あやみ？
ちゃんと学校
行ったの？
来てるよー
今ガッコ
じゃあ 晩ご飯作るの
順番にしよ
家に居るなら
家事も もっと
やってもらわなきゃ
わかったよー
ご飯作るの
あたしから？
そうよ
今日は家に
帰りなよ？
やだ 今日も
なぎちゃんち泊まる
あ！ バイト
入ってるんだ
よね

でも終わったら
帰ってちゃんと
作るから！
当番さんは食器洗う
までだからね
えぇー!?
厳しいなあ
今日バイトって
言ってたなあ
勉強して
バイトしてって
言ったら
かなり疲れるし
遅くなるだろうし
多分…いや絶対
ご飯作るのなんて
無理でしょ
鍵…
鍵…

パサ…
もー
脱ぎっぱなしで…
ガチャッ
食器洗うのは
お願いしよ
ただいまー
え

おかえり
ごはん出来てるよ
食べよ
あ…うん
ご飯は私作ったんだから
片付けお願いね
はぁい
あーもう
こんな時間
課題やんなきゃー
食器洗いも
だよ
大丈夫？

ゴロリ
あー なんも
したくない
シャー…
仕方ない
食器洗うのは
やってやるか
学生も大変だもんな
ジャーーー

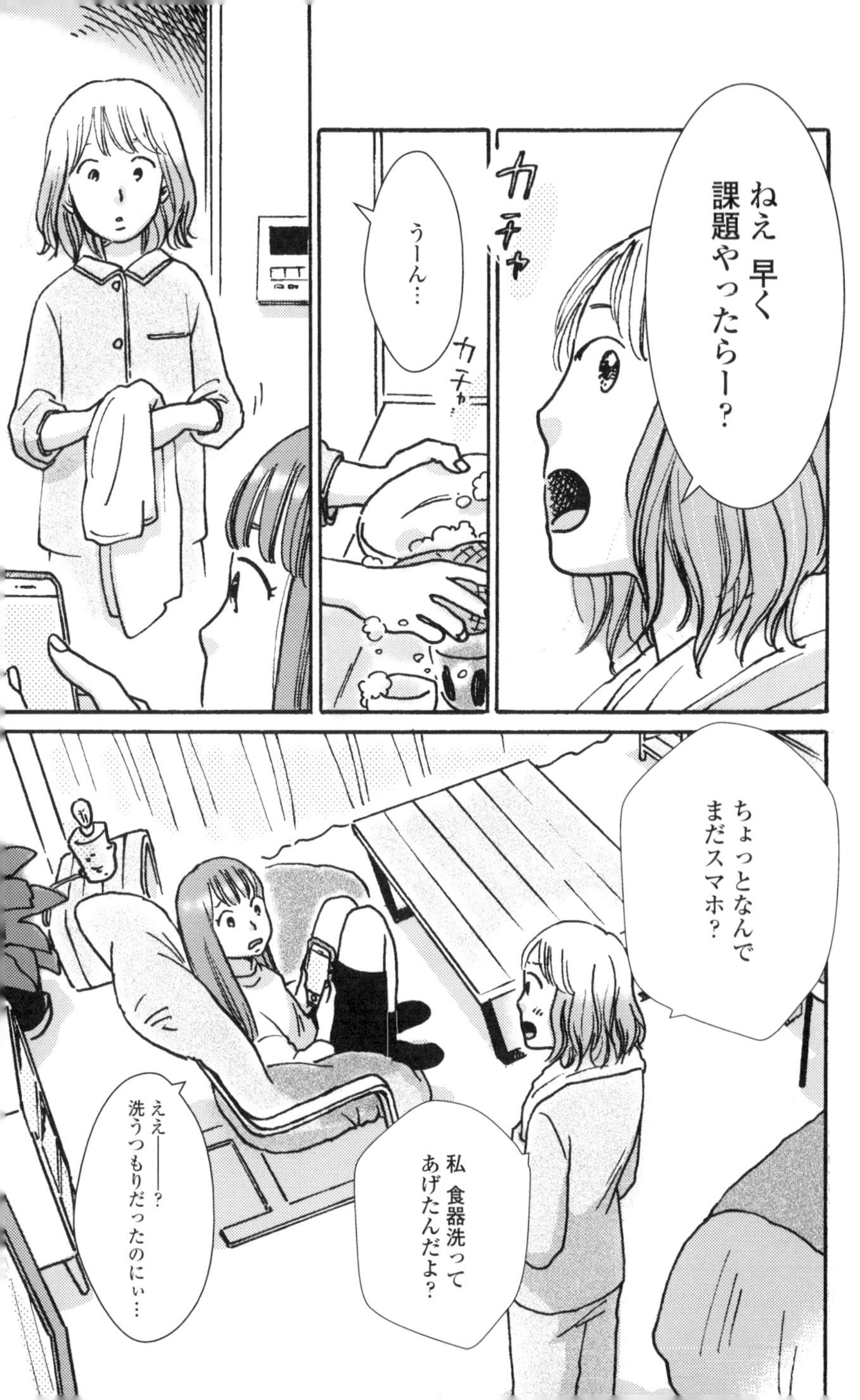
ねえ 早く
課題やったらー？
カチャ
うーん…
カチャ
ちょっとなんで
まだスマホ？
私 食器洗って
あげたんだよ？
ええ――？
洗うつもりだったのにぃ…

いいかげんにしなよ？
ご飯だって作って
あげたのに…
ム…
お姉が
勝手にした
ことでしょ？
そんなにイライラする
なら やらなきゃ
いいじゃん！
ご飯だってあたしは
作るつもり
だったもん！
やってあげたのに
何その言い方！
頼んでないー！

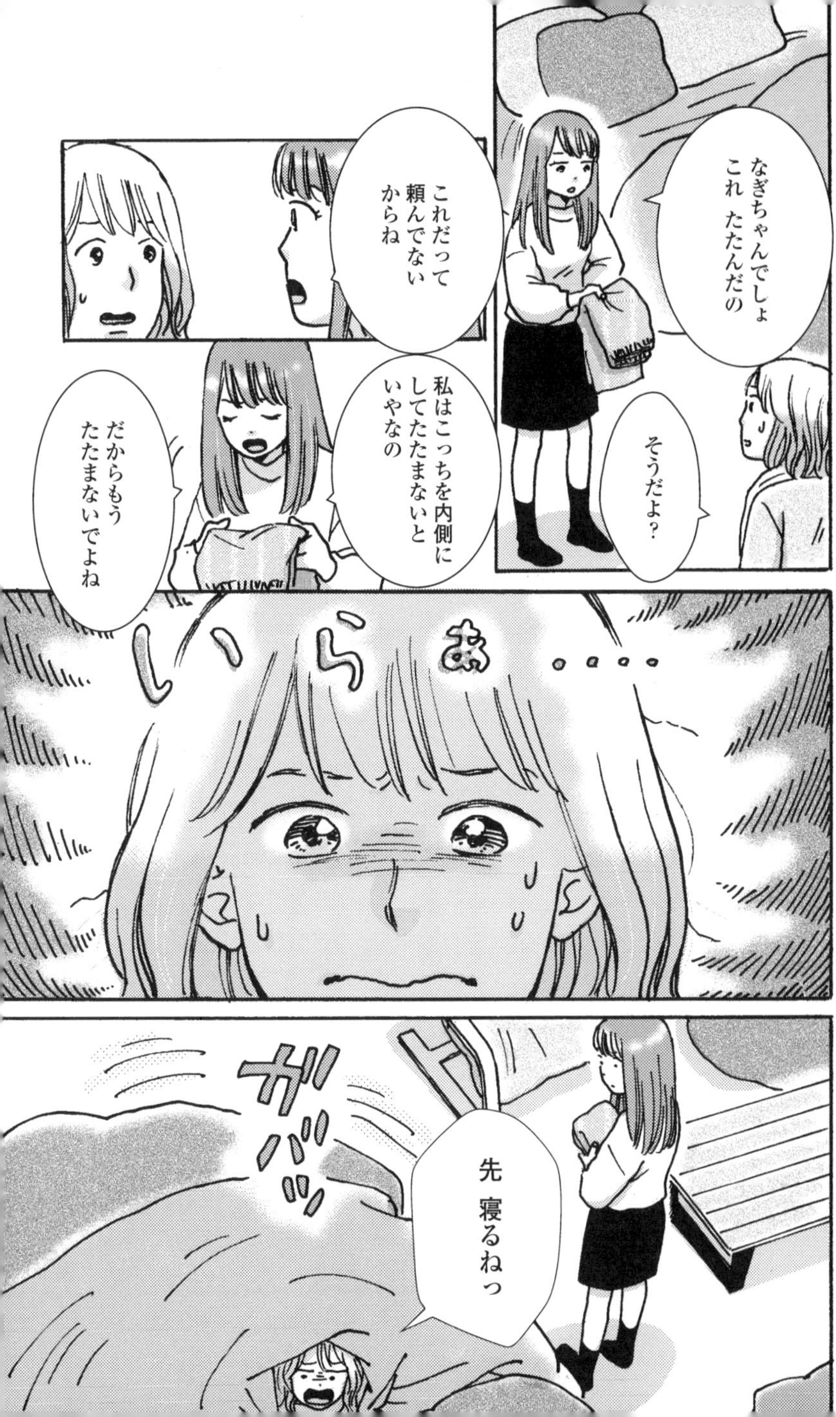
なぎちゃんでしょ
これ たたんだの
そうだよ?
これだって
頼んでない
からね
私はこっちを内側に
してたたまないと
いやなの
だからもう
たたまないでよね
いらぁ・・・・
先 寝るねっ
ガバッ

課題終わったの？
……
まあ だいたいは
早く寝なよ？
あやみ 寝不足だと いつも頭痛起きる でしょ…
……

良かれと思って やってあげたのに 感謝するどころか
私が勝手にやったことだ イライラするくらいなら しなきゃいいって
先生 どう 思われますか
念の為お伺いしますが 妹さんにはっきり
「手伝って」と頼まれ たんでしょうか？
えっ
…いえ
頼まれて ……は ない

でも大学生で勉強もバイトも忙しいので
大変だと思って…
課題もあるっていうのに あの子は…
繊細さんは相手の様子や状況を細やかに感じ取り未来を予測します
妹さんの場合「このままでは課題の時間が取れなくなりそうだ」と
妹さん自身が「時間がない！」と気付くよりずっと早く相手の危機に気づき
気づくのが早いからこそ助けるタイミングも早い
いち早く手助けしてしまうため 本人は問題があると気づかないこともしばしばあります
つまり先回りして助けることは
相手を助けているようでかえって成長を妨げてしまったり

同じ問題の繰り返しを助長するのです
そうなんですね…
まずは手出しも口出しもせず見守ることが必要です！
見守る！
相手がまた同じ問題を繰り返しそうだと気づいてもこちらからはアクションしません
「困ってるみたいだな」と相手の様子を心に留めたまま手出しせずアドバイスもせず
自分は自分のことをしながら同じ空間にいるのです

相手を気にかけつつ そばにいると面白いことに 相手が自分から ぽつりぽつりと 話し始めます
「最近 忙しくて… 家事もしなきゃって わかってるけど…」
うず。。
やってあげ… たくなります
ここで助けるのは まだ早い！
まだ!!
すると 相手が話すことで 考えを整理し
助けが必要なのか 自分でやるのか 相手自身が答えを 出します

「家事 お願いしてもいい？」
はっきり頼まれたら そのとき初めて 助けてあげてくださいね
食器とか早く片付けないと 気になっちゃって…
よしっ
…頼まれるまでは 助けない
頼まれるまでは

助けない…
お母さん…
はっ
待って…!
あやみね うち 来てるから
今は出かけてると思うけど
あれ?
上がって?

どんっ
お母さん…なぎさのこと心配で…
とにかく心配で…
あやみにも
「なんで なぎちゃんのひとり暮らし認めてあげないの!?」って怒られた…

あやみが？
だから反省したっていうかね…
とにかく応援するって決めたから
それでふたりとも私から離れちゃって
ぐすん。。
子離れできてなかったんだなって
すごくつらかった…
あたしが
あたしがこれから出来ることは

それだけなのよね…
キャノーラ油
ありがとうお母さん
今日は夕飯あたし作るからね

うん まかせるね
は…
頼まれてない
おいしくない
そおかなあ けっこう 美味しいよ!?

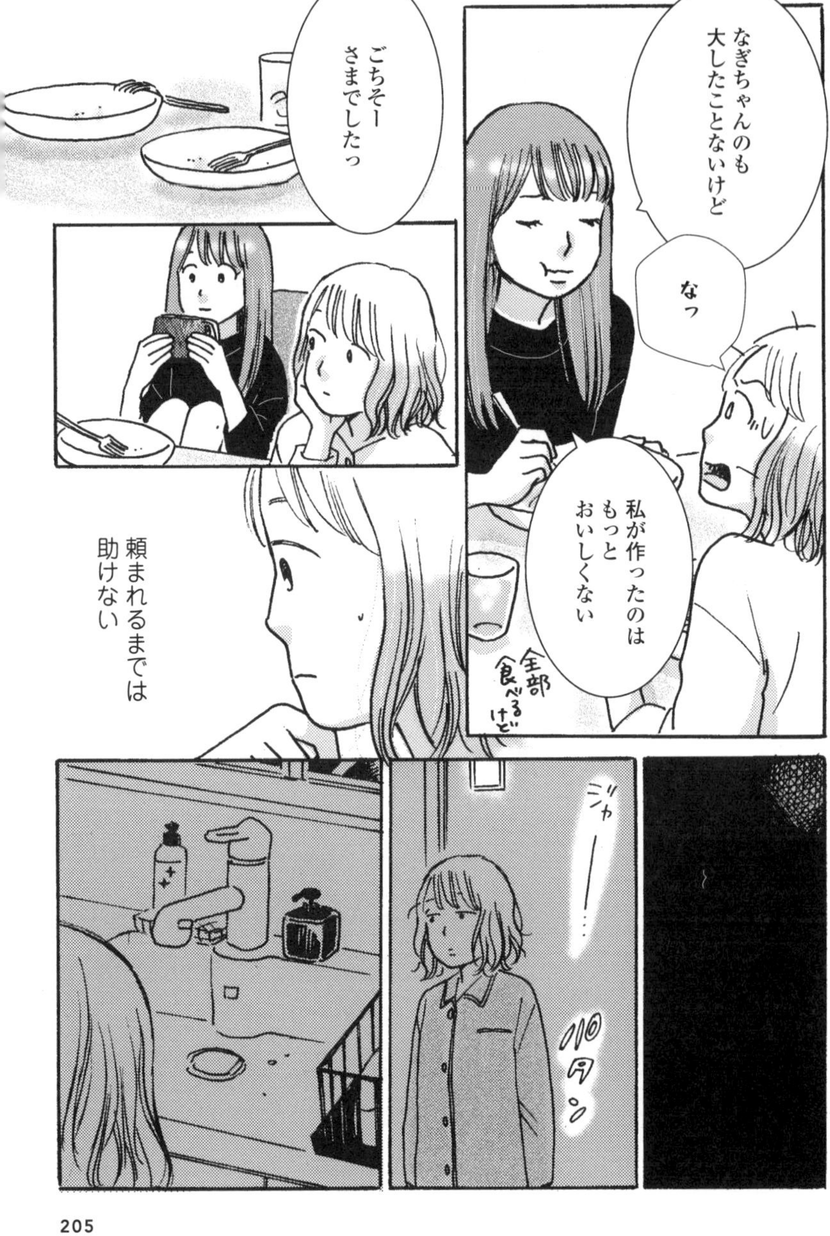
なぎちゃんのも
大したことないけど
なっ
私が作ったのは
もっと
おいしくない
全部食べるけど
ごちそー
さまでしたっ
頼まれるまでは
助けない
ジャー
…
パタン

あや…
ぴく
おやすみー
早く寝ないと
頭痛になるもんね

…明日
家に戻るね
えっ
いつまでも
居られないよね
管理会社とかにバレたら
退去させられたり
するんでしょ
…あたし
応援してるの
なぎちゃんの
ひとり暮らし
なんで
なぎちゃんの
ひとり暮らし
認めてあげ
ないの!?
だったら
あたしも
ひとり暮らし
するから
かわいいこと
言うじゃん…

数日後——
Cafe
小さな おうち
サンドイッチ
パン
ケーキ
ドリンク
Take out できます
ビーガン対応メニュー
ばったり
あっ
こっ こんにちは
瀬尾さん…だ
こんにちは
小村さんのSNSで見て このお店気になって 来ちゃいました
もし… よろしければ
ご一緒しても 良いですか？

何飲みます？
豆乳ラテにしよう
かな…
いいね
でもこっちの方が良いよ
なぎさにはこっちの方が…

僕も同じのに しようっと
第8話
繊細さんに合う仕事って?
豆乳にも こだわってるんだぁ
オーガニックの豆乳だって
美味しそう!
豆乳ラテ 2つ
は〜い
お願いします

ほっ
こういうのも いいなぁ
あ 今
ダイニングのテーブルと イスを新調したくて 色々 見てるんです
今より 大きいのにしたくて
見すぎて迷走し始めてて
あ… 私 おすすめの 家具屋さんが あって
え ホント!
もし よかったら…
ぜひ 見てもらいたい
見たい!

sora furniture
……
あ いい…

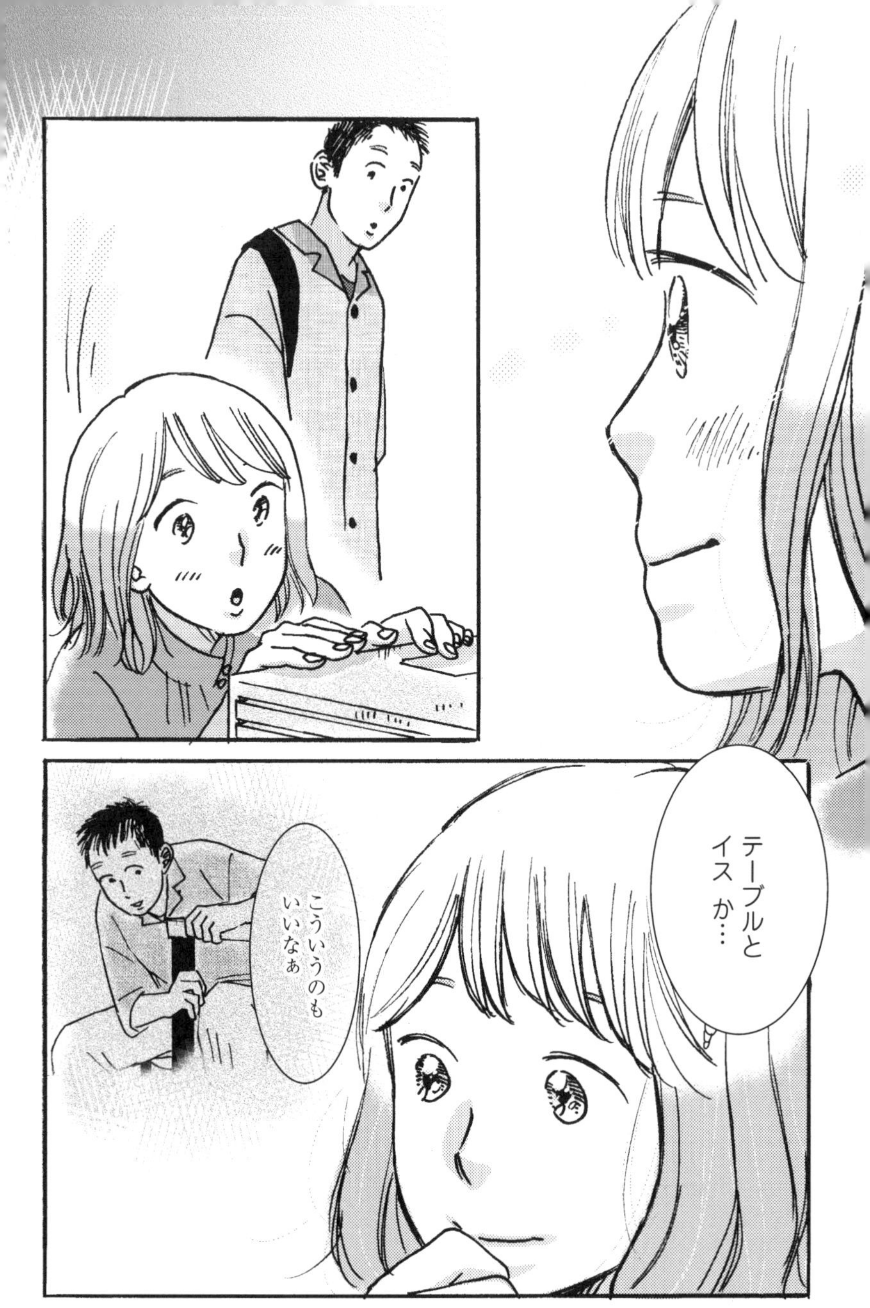
テーブルと
イス か…
こういうのも
いいなぁ

瀬尾さん
これなんかも素敵ですね
……
あっ ごめんなさい！ ゆっくり見てくださいね
私はあっち見てきます
いい…
へ？

こういうのがほしかったんです
ほんとに
13:00〜
猫ちゃん
譲渡会
やってます
会場 もりのなか動物病院
※トライアル期間設けてます
※譲渡誓約書サイン必須です
見ていってね
待ってるニャ
主催 地域猫の会

そういえば猫
飼ってるんですか？
アイコン…
あ はい
実家に…
見ていきますか？
譲渡会って
誰でも入って
いいものなのかな
行ってみましょうか
うーん…
こんにちはー
手の消毒
お願いしまーす
……
おぉ…
かわいい〜

ケージから出しましょうか 抱っこできますよ
あちらへ移動してもらって…
小村さん
…あ
いえ 抱っこは大丈夫です…

そろそろ
出ようかな
猫ちゃん達
ただでさえ
知らない人たちに
見られて
ストレス感じながら
頑張ってるんだよね
大事にしてくれる人との
出会いの邪魔だけは
したくない
けど入ったばかりだし
瀬尾さんに勝手だと
思われるかな…
そろそろ もう
行きましょうか？
えっ…
はい
あ わかったかも
？

出会いの場を邪魔したくなかった？

なんか今日
疲れがマシ
だなぁ…
うん
しゃこ
しゃこ
楽しかった…
戸川橋
どがわばし
dogawabashi
発車
いたしまーす
あ
プシュー
お疲れさまです

この前買った
テーブルとチェアが
届いたんです
パァ…
そうですか！
どうですか？
すごく良い感じで
見に来ますか？ここからすぐ…
あっいや そういうんじゃなくて！
スイマセン
そだそだ 写真見てもらえばいいんだ
そういえばインテリアとかお好きなんですか
はい！家具とか見るのって楽しくて 楽しくて…
おー！かっこいいですね
じゃあ そういう仕事に就くこととか考えなかったですか？

えっ…
あっ ごめんなさい
ただ… なんとなく 聞いただけなんです
家具を見てる 小村さん
なんていうか ほんと 楽しそうで
初めて見る 表情だったから

今の会社には…
照明が好きだから…です
あと母が…あ
いえ…
家具の配置や全体の雰囲気を考えるのも好きだけど
照明もそのうちのひとつだから
照明の会社が良いと思った
お母さんも賛成してくれて間違いないと思った
照明だけじゃなく
もっと全体を見る仕事…

繊細さんに合う仕事って
あるんでしょうか？
今の仕事や人間関係に
おかげさまで
不満があるわけじゃないいんですが
もっと 私に
ただちょっと気になって
もっと…
合う仕事があるのかなって…

ひとりひとり得意なこともやりたいことも違うため
「繊細さんに合う仕事はこれ」という答えは残念ながらありません
画一的な答えはないものの 繊細さんが充実感を感じながら
幸せに働くための条件をお伝えすることはできます
それは
やりたいと思えるか
得意を生かせるか
働き続けられる環境かどうか
の3つです
やりたいこと
得意なこと
環境…

ご自身の本音「こうしたい」という思いを
何よりも大切にすることです
「こうしたい」という思いを感じとりひとつひとつ叶えようと行動することで
「私はこれが好き」「こうしたい」と自分の軸が太くなっていきます
自分の軸が太くなるにつれ相手の感情や意見に左右されにくくなり
人の中でもラクに過ごせるようになる
繊細さんは 自分の本音を大切にすることでたくましくなっていく
…なぎささんも
私…
私も自分の軸少しは太くなってきたでしょうか

「こうしたい」を
大切に行動し
なぎささんは
ひとつひとつ
叶えてきましたよね
そうですね
うん
迷いが生じた
ときは
是非 一度
ゆっくり時間を
取って
やりたいことは何だろう
得意なことは何だろう
どんな人たちと
どんな風に働きたい？
と 考えてみて
くださいね

やだぁもう
帰るなら帰るって
言っといてよう
そしたら
なぎさの好物
作ってあげられるのにぃ
何かあったかなー
お母さん
嬉しそう
ごめん
すぐ できるから
座っててー

会社に不満があるわけじゃないの
照明が好きだし
…でもね お部屋の全体的なことを勉強するのも
楽しいかもなぁって最近 考えてるんだよね
この前ね 家具を一緒に選んだら喜んでもらえたんだ
話せば 相手の好みとかよくわかる気がするの
そこは何か自信があるの
きっとインテリアの勉強って
くぁ
楽しいよね

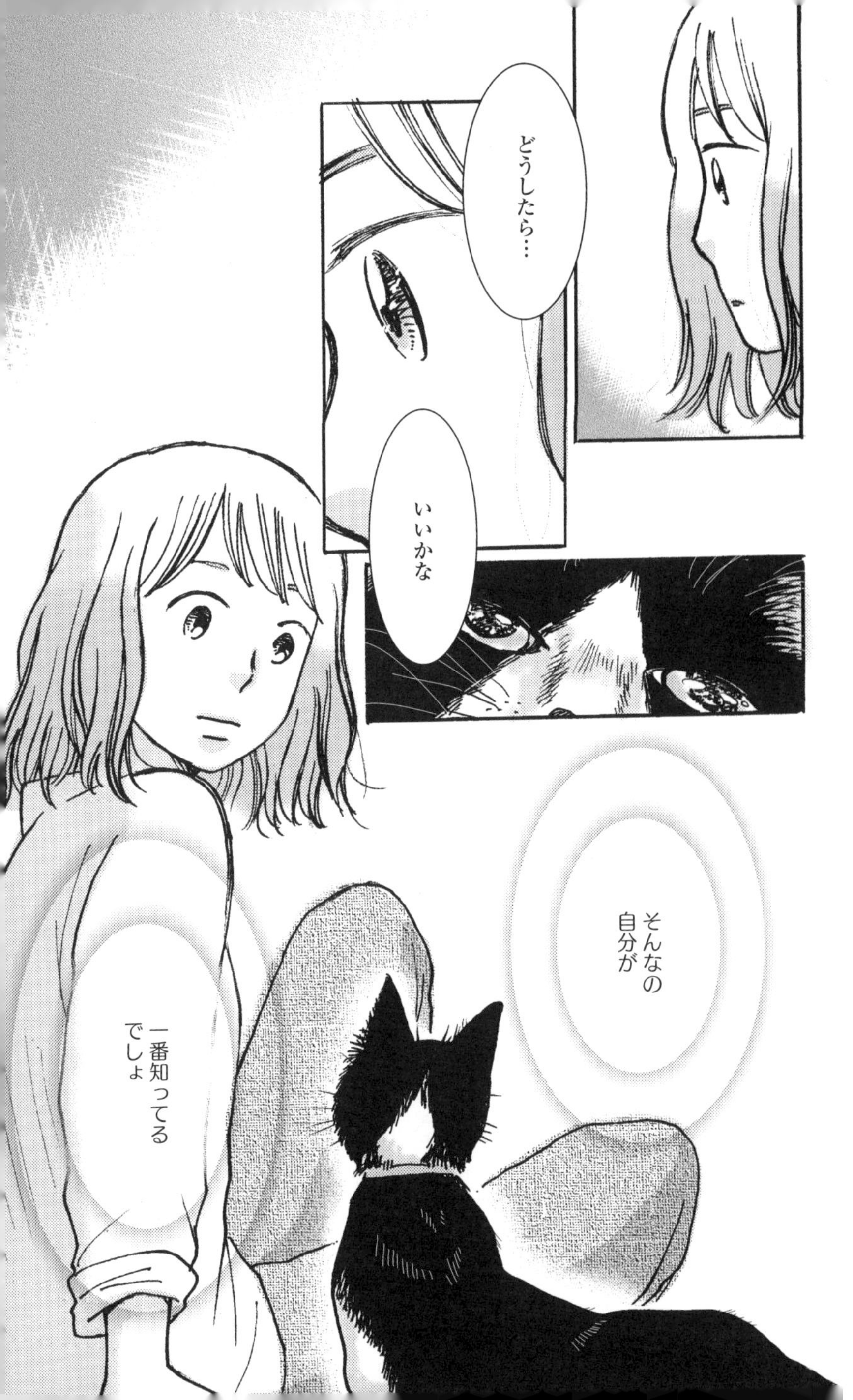
どうしたら…
いいかな
そんなの自分が
一番知ってるでしょ

だよね

半年後――
From 小村渚
武田先生
ご無沙汰しております
私はあれから仕事を辞め
専門学校に入り直し
今はインテリアデザインの勉強をしています
で どうよ 学校は？

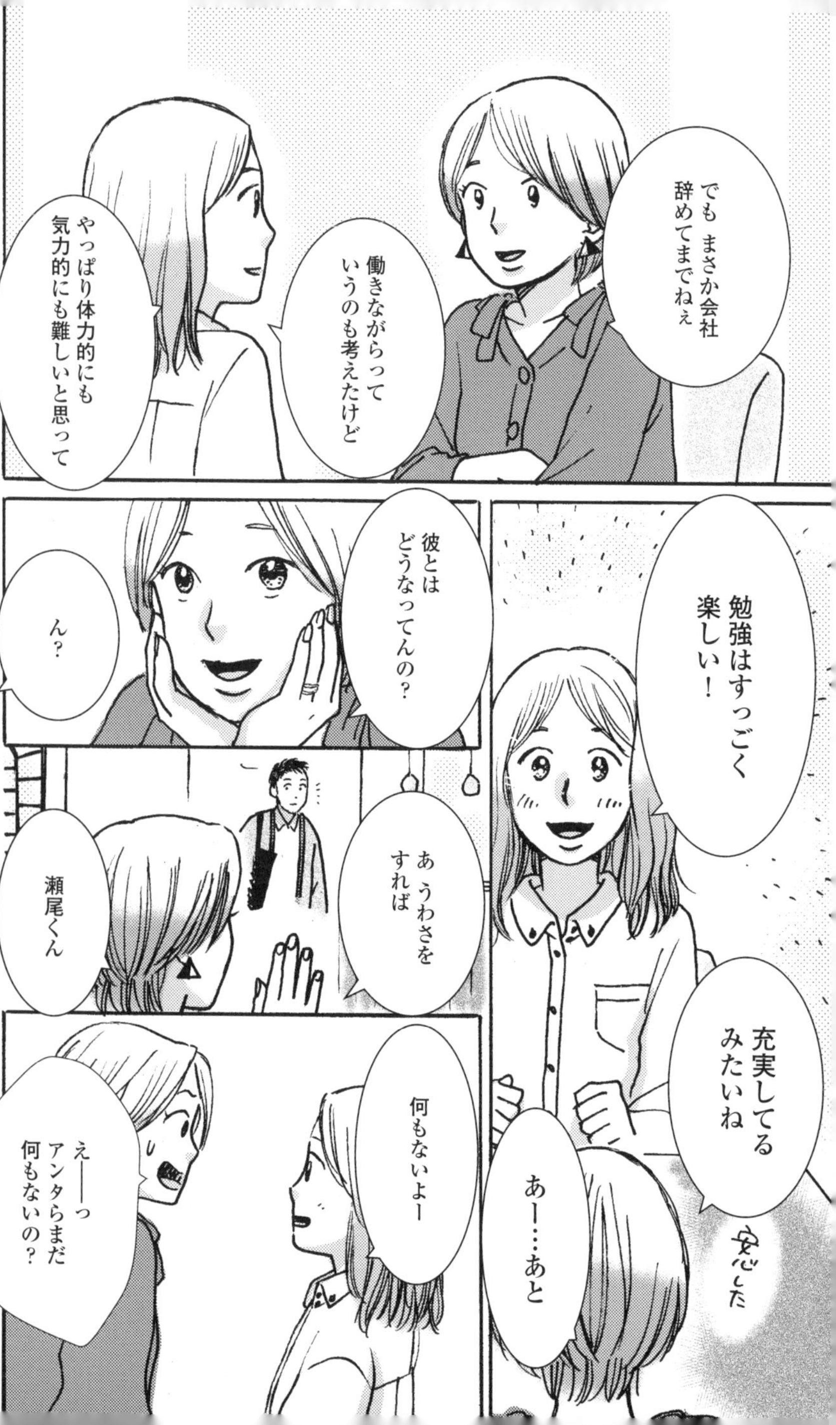
でも まさか会社
辞めてまでねぇ
働きながらって
いうのも考えたけど
やっぱり体力的にも
気力的にも難しいと思って
勉強はすっごく
楽しい！
充実してる
みたいね
安心した
あー…あと
彼とは
どうなってんの？
ん？
あ うわさを
すれば
瀬尾くん
何もないよー
えーーーっ
アンタらまだ
何もないの？

しーーー!
何 なに? 何の話?
なるようになるさ
本音を大切にすることで

自分の軸が太くなっていきます
我慢をやめて自分を満たすと
あたたかい気持ちと
エネルギーが湧いてきます
過度な気遣いをせずとも
ごく自然な気持ちからまわりに優しくでき

いい人間関係を築けるようになります
武田友紀
小村 渚さま
ご無沙汰しております
お手紙ありがとうございました

小村 渚 さま
ご無沙汰しております。
お手紙 ありがとうございまし
繊細さんにとって繊細さは自分を構成する大切な一部分
繊細さを「いいものだ」と受け止めることは自分を肯定することにつながります
自分をまるごと引き受けて生きていけたらいいんじゃないか…
そう思います

繊細さんは自分のままで生きることで
どんどん元気になっていきます
自分のままで生きるとは
繊細さを含めて自分を肯定し
自分にとっての「嬉しい」「楽しい」「心地いい」「ワクワク」をコンパスに
人や場所 物事を選ぶということです

選ぶということ
なぎささんがご自分の
本音を大切に、1歩でも2歩でも
踏み出せたなら本当に
嬉しく思います。
なぎささんが
自分のままで
笑って生きることを
心から願っています

E N D

（解説）

本書でＨＳＰを知ったあなたへ

ＨＳＰ専門カウンセラー
武田友紀

HSP（繊細さん）ってどういう人？

「まわりに機嫌悪い人がいるだけで緊張する」
「相手が気を悪くすると思うと断れない」
「細かいところまで気づいてしまい、仕事に時間がかかる」
「疲れやすく、ストレスが体調に出やすい」

こういったことはないでしょうか。

まわりの人が気づかない小さなことにもよく気づく、繊細な人たちがいます。

繊細な人たちの感じやすい性質は、長らく「気にしすぎ」「真面目すぎる」など個人の性格によるものだと誤解されてきました。

ところが、アメリカの心理学者エレイン・アーロン博士が行った調査により、「生まれつき繊細な人」が5人に1人の割合でいることがわかってきました。
人間だけでなく馬やサルなどの高等動物も、全体の15～20パーセントは刺激に対して敏感に反応するそうで、種として生き延びるために慎重な個体が生まれたのではないかと考えられています。
アーロン博士は、こうした人たちをHSP（Highly Sensitive Person）と名付けました。HSPは日本語では「とても敏感な人」「敏感すぎる人」と訳されていますが、この気質を「いいもの」としてとらえ、私は「繊細さん」と呼んでいます。

このマンガの主人公・なぎささんも繊細さんです。職場の電話の音やすれちがう人の柔軟剤の香り、上司の機嫌など、他の人が気に留めないことが刺激になっていますね。
繊細さんは、相手の感情や場の雰囲気、光や音といった環境の変化など「自分の外側にあるもの」はもちろん、体調や自分の気持ち、新しいアイデアなど「自分の内側で起きていること」も、ひといちばい感じ取ります。
音に敏感な人もいれば、光に敏感な人もいて、どの分野をどの程度感じるかは個人差がありますが、他の人が気づかないような小さなことに気づく神経システムを持っている繊細さんは、たとえば職場では次のように感じます。

「上司の機嫌が悪いと緊張する」

「他の人の仕事が雑に見える。あそこもここも直したほうがいいのに……」

繊細さんが小さなことに気づくのはごく自然なこと。それなのに、「気にしすぎ」「神経質」などと言われてしまい、「気にする私がおかしいんだろうか？」と自分の感覚を疑いだすと、ますます自信を失ってしまいます。

繊細さんに必要なのは、「気にしなくていいんじゃない？」という言葉ではなく、気づいたことにどう対処したらいいのかという、具体的な対処法なのです。

まわりが見えすぎて仕事に集中できないときは、伊達メガネや縁の太いメガネをかけて見る範囲を決める、先回りして相手を助けすぎないなど、マンガでもいくつかの対策をご紹介しました。

マンガではすべての対策はご紹介できなかったのですが、原作の『「気がつきすぎて疲れる」が驚くほどなくなる「繊細さん」の本』で、五感のケア方法や職場での過ごし方など、数多くの対策を紹介していますので、原作も併せてご覧いただければと思います。

繊細さんが元気に生きる3つのポイント

さて、このマンガを通してお伝えしたかったのは、**「繊細さんは、自分のままで元気に生きていける」**ということです。私はHSP専門カウンセラーとして700名以上の繊細さんからご相談を受けてきて、この結論にたどりつきました。

背の高い人が身長を縮めることができないように、繊細な人が「鈍感になる」「気づかずにいる」

ことはできません。生まれつき繊細な人が鈍感になろうとすることは、自分自身を否定することであり、かえって自信や生きる力を失ってしまいます。繊細な人は、むしろ自分の繊細な感性をとことん大切にすることでラクになり、元気に生きていけるのです。

では、繊細さんが元気に生きる3つのポイントをご紹介しますね。

Point 1

繊細さんと非・繊細さんの違いを知る

繊細さんは感じる力が強く、深く考えていく性質があります。繊細さんの感覚と非・繊細さんの感覚は、ずいぶんちがいます。

たとえば、繊細さんにとって「誰かの機嫌が悪いと気づく」のは、たとえば「机にあるコップが見える」のと同じくらい自然なことです。目の前のコップを視界から消すのが難しいように、誰かの気持ちに気づかないこと――気づかないふりをするのではなくて、そもそも気づかずにいること

――が、繊細さんにはできません。
一方、非・繊細さんは、そもそも小さなことに気づく神経システムを持っていませんから、ごく小さな相手の感情には気づかないか、気づいたとしても「でもまぁ、いいんじゃない？」と流せてしまう程度にしか感じないのです。
人間関係や仕事、生活など様々な場面で、感覚のちがいが現れます。
「気にしなくていいんじゃない？」「考えすぎだよ」という人は、悪気があるわけではなく、ただ単に気になる感覚を持ち合わせておらず、繊細さんの感覚がわからないのです。
自分の感覚と、まわりの感覚は異なることがある。それは優劣ではなく、ただ「ちがう」ということ。繊細さんには、まずはこのことを知っておいてほしいのです。
「繊細な気質というものがある」と知ると、それまで「気にする私がいけないんだ」「もっとタフにならなきゃ」と自分を責めていたのが「感覚は人によってちがうんだ」と受け止められるようになります。すると、音が気になるときには耳栓をしたり、疲れたら休めるようになったりと、堂々と対策できるようになりますよ。
また、ちがいを知ることで、まわりとのすれちがいが減ります。
家事でも仕事でも「なんで配慮してくれないんだろう？　私だったらもっと相手の気持ちを考えるのに」「こんなに大変なのに、どうして手伝ってくれないんだろう」と思っていたのが、「そうか、ただ気づかないのか」と理解できるのです。

Point 2

本音と感性を大切にする

繊細さんが元気に生きる2つめのポイントは、本音と感性を大切にすることです。なぎささんも、迷って相談するたびに、私から「自分の本音を大切にしてください」と伝えられていますよね。

繊細さんは感じる力が強く、相手のニーズや世間の「こうすべき」という声を細やかにキャッチします。相手のちょっとした仕草や言葉のニュアンス、声のトーンなどから、相手がどうしてほしいのかを察知しますし、共感力も強いため「こうしてあげたら喜ぶだろうから」「困ってるだろうから」と、相手のために行動する傾向にあります。

こういった繊細さんの思いやりは長所であり、まわりの人も大いに助けられていることでしょう。ですが、やりすぎてしまうと、人と関わることが苦しくなったり、自分の限界を超えてがんばり続けてしまったりと、生きづらさにつながることも。

繊細さんが元気に生きるには、「私はこうしたい」という自分の本音に耳を澄ませ、「こんなにわがままでいいのかな」と思うぐらい積極的に自分を優先していく必要があるのです。

本音を叶えるのは、小さなことからでOKです。
「ゆっくり眠りたい」と思ったら、休みの日に思う存分眠る。
「あの人、苦手だな」と思ったら、自分からは近づかない。
「公園にお散歩に行きたいな」と思ったら、家事も資格の勉強もいったんお休みして、足をのばして行ってみる。

小さなことからでも本音を叶えていると、「自分にとっていいこと」を選ぶ感覚がつかめてきます。世間やまわりにとってどうかではなく、自分の好きキライがはっきりしてくるのです。
なぎさささんも、自分の好きなパンツスーツをはくようになったり、パーマをかけてメガネにしたりと外見がどんどん変わっていきましたよね。内面の変化にともない外見が変わっていくのも、相談者さんによく起こる変化です。
自分の本音を大切にできると、外見だけではなく、身にまとう雰囲気も変化します。「私がこうしたいから、こうするんだ」とものごとを選ぶことで、自分という軸が太くなり、まわりの人や社会の価値観に揺さぶられにくくなる。
「私は私のままでいいんだ」と自分で自分を受け止めることで、人や社会に対する怖れが減って、雰囲気がふわっと柔らかくなるのです。

Point 3

自分に合う環境を選ぶ

繊細さんは感じる力が強いため、自分に合う環境にいるとまわりの人や仕事からエネルギーをもらって元気になる一方、合わない環境にいると、違和感やその場のギスギスした空気などもひといちばい感じ取って消耗してしまいます。

寒さ、暑さの一方だけを感じることができないように、繊細さんの感性も「いいもの」だけを抜き出して感じることはできません。ですから、本音を大切に、自分と合う人間関係や仕事を選ぶことが本当に大切です。

自分の本音を大切にするにつれ、なぎささんは、お付き合いしていたはやとくんに違和感を覚えるようになり、最後には別れを決断しましたね。本音を大切にし始めると、ときに「人間関係の入れ替わり」が起こります。自分を抑えてお付き合いしていた人とは関係が続かなくなり、ありのままの自分を大切にしてくれる人と出会いやすくなるのです。

今後もしあなたが「仕事を辞めたい」「結婚をどうしよう」など大きな決断で悩むことがあれば、ポイント2でご紹介した「小さな本音を叶えること」から始めてみてください。

転職や人間関係などの大きな決断は、どう生きたいかという自分の生き方に根ざしたもの。日常の嬉しい・楽しい・安心を通して「私はこうしたい」「こんな風に生きていきたい」という土台ができることで、大きな決断ができるようになっていきますよ。

最後にもう一度大切なことを伝えさせてください。繊細さには大変な面がありますが、それでもやはり、「繊細さは、いいものだ」ととらえ直してみてほしいのです。なぎささんも物語の最初でそうしたように。

繊細さは、決して大変なことばかりではありません。朝起きて外が晴れているだけで幸せを感じたり、カフェの店員さんのちょっとした笑顔が嬉しかったりと、毎日の小さな幸せにもよく気づき、存分に味わえる気質でもあります。

自分のまわりにある「いいもの」に気づき、深く味わう。まわりのものや人から嬉しさをもらって、身も心もふっくらする。これが繊細さんの「感じる力」がもたらす「いいこと」なのです。

繊細さを受け止めることは、まわりに合わせて自分を作り変えるのではなく、より自分のままで生きるという、生き方の変化にもつながっていきます。

繊細さんたちが元気に生きることを、心から応援しています。

わたしは繊細さん

まんがでわかる！ HSPが自分らしく生きる方法

2020年11月16日　第1刷発行

漫画
武嶌波

監修
武田友紀

発行人
大山邦興

発行所
株式会社飛鳥新社
〒101-0003 東京都千代田区一ツ橋2-4-3 光文恒産ビル
電話 03-3263-7770
http://www.asukashinsha.co.jp/

編集
株式会社シュークリーム
電話 03-6261-6850
http://shu-cream.com

装丁
名和田耕平デザイン事務所

印刷・製本
中央精版印刷株式会社

落丁・乱丁の場合は送料当方負担でお取り替え致します。
飛鳥新社営業部宛にお送り下さい。

ISBN978-4-86410-791-4

武田友紀

「気がつきすぎて疲れる」が驚くほどなくなる

「繊細さん」の本

四六判・240ページ・並製／1204円（税別）
ISBN978-4-86410-626-9／飛鳥新社

- まわりに機嫌悪い人がいるだけで緊張する
- 相手が気を悪くすると思うと断れない
- 細かいところまで気づいてしまい、仕事に時間がかかる
- 光や音、においに敏感

疲れやすいあなたは、きっと「繊細さん」。

イラスト●福田玲子

今日からできる

HSP専門カウンセラーが、超・実践的テクニックを教えます。

そんなこともあるのね…

他人の言葉や機嫌に
振り回されてしまう

↓

**テレビの向こうにいると
思いましょう**

電話を取るかどうかで毎回悩んで
何もしていないのにぐったり

↓

**マイルールを
決めればOK**